西江韩国语1A

语法·词汇参考手册

문법 · 단어 참고서

STUDENT'S BOOK 1A

语法·词汇参考手册

주소	서울시 마포구 백범로 35 서강대학교 한국어교육원
Tel	(82-2) 713-8005
Fax	(82-2) 701-6692
e-mail	sogangkorean@sogang.ac.kr

서강대학교 한국어교육원	서강한국어 교사 사이트	여름 특별과정(7-8월)
http://klec.sogang.ac.kr	http://koreanteachers.org	http://koreanimmersion.org

K.L.E.C

Sogang Korean Teachers

S.K.I.P

출판·판매·유통

초판 발행	2024년 8월 30일
펴낸이	박영호
펴낸곳	(주)도서출판 하우
주소	서울시 중랑구 망우로68길 48
Tel	(82-2) 922-7090
홈페이지	http://www.hawoo.co.kr
등록번호	제2016-000017호

Fax	(82-2) 922-7092
e-mail	hawoo@hawoo.co.kr

目录

I. 韩国语与韩文

　　"韩文"是韩国固有的文字体系，由朝鲜王朝世宗大王（1397-1450）于15世纪创制而成。在此之前，朝鲜借用中国的汉字，普通百姓使用起来具有很大难度。因此，世宗大王意识到能有一种谁都可以轻松使用的文字十分必要，便创制了新的文字体系，称之为"训民正音"，即"教导百姓的正确发音"之意。

II. 韩文的构成

韩文由21个元音和19个辅音，共40个字母构成。

1. 元音

韩文的元音根据象征天（·）、地（一）、人（丨）的符号创制而成。

$$丨 + · = 丨· = ㅏ \qquad · + 丨 = ·丨 = ㅓ$$

$$· + — = ·— = ㅗ \qquad — + · = —· = ㅜ$$

21个元音: ㅏ ㅑ ㅓ ㅕ ㅗ ㅛ ㅜ ㅠ ㅡ ㅣ ㅐ ㅒ ㅔ ㅖ ㅘ ㅙ ㅚ ㅝ ㅞ ㅟ ㅢ

2. 辅音

韩文的辅音根据发音位置和发音方法，仿照发音器官的形状创制而成。

基本辅音	ㄱ	ㄴ	ㅁ	ㅅ	ㅇ
发音器官					
	舌根和软腭	舌尖和硬腭	嘴唇	舌头和牙齿	喉咙

在五个基本辅音（ㄱ, ㄴ, ㅁ, ㅅ, ㅇ）的基础上，通过添加笔画或添加相同辅音的方式，创造出了包含基本辅音在内的19个辅音字母。

ㄱ	ㄴ	ㄷ	ㄹ	ㅁ	ㅂ	ㅅ	ㅈ	ㅇ
ㅋ	-	ㅌ	-	-	ㅍ	-	ㅊ	ㅎ
ㄲ	-	ㄸ	-	-	ㅃ	ㅆ	ㅉ	-

19个辅音: ㄱ ㄴ ㄷ ㄹ ㅁ ㅂ ㅅ ㅇ ㅈ ㅊ ㅋ ㅌ ㅍ ㅎ ㄲ ㄸ ㅃ ㅆ ㅉ

3. 音节和句子的构成

(1) 音节

韩文的所有文字以音节单位进行书写，音节由元音和辅音组合而成。

类型1 辅音 + 元音

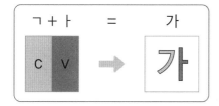

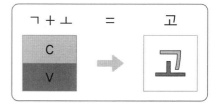

类型2 不发音的辅音'ㅇ'+ 元音

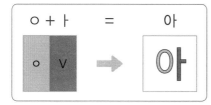

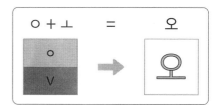

5

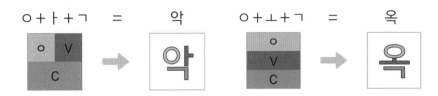

(2) 句子

　　韩国语通过助词来区分句子成分。从下面的例句中可以看出，主格助词"이/가"和宾格助词"을/를"可用来区分主语和宾语。

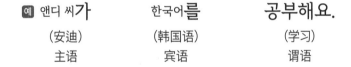

예 앤디 씨**가**	한국어**를**	공부해요.
(安迪)	(韩国语)	(学习)
主语	宾语	谓语

4. 韩文的书写方法和隔写

(1) 韩文的书写方法

　　韩文有书写的笔顺。按照从左往右，从上到下的顺序书写。元音写在辅音的右边或下面。

(2) 隔写

韩国语以助词为中心进行"隔写"。

예 | 앤 | 디 | 가 | 방 | 에 | 들 | 어 | 가 | 요 | . | ❌

上面的例句中，"앤디(安迪)"后面的"가"是表示主语的助词。"가"后若不隔写，便会引起歧义。

❌ | 앤 | 디 | | 가 | 방 | 에 | | 들 | 어 | 가 | 요 | .

因此，韩国语必须要进行隔写。

⭕ | 앤 | 디 | 가 | | 방 | 에 | | 들 | 어 | 가 | 요 | .

此外，每当句子结束时，都要添加标点符号。陈述句后用"实心句号（.）"。当多个句子连在一起导致句子较长时，在帮助区分语义的地方添加"逗号（,）"。疑问句后用"问号（？）"，感叹句后用"感叹号（！）"。

.	마침표 (온점)
,	쉼표 (반점)
?	물음표
!	느낌표

앤디 씨, 안녕하세요?

아! 미나 씨! 요즘 잘 지내요?

네, 잘 지내요. 앤디 씨는요?

저도 잘 지내요.

5. 元音和辅音的发音

(1) 元音的发音

元音	ㅏ	f<u>a</u>ther
	ㅓ	<u>a</u>go
	ㅗ	<u>o</u>ver
	ㅜ	m<u>oo</u>n
	ㅡ	p<u>u</u>t
	ㅣ	s<u>ee</u>
	ㅐ	c<u>a</u>re
	ㅔ	m<u>e</u>t
[y]类 元音	ㅑ	<u>Y</u>ahoo
	ㅕ	<u>y</u>oung
	ㅛ	<u>yo</u>-yo
	ㅠ	<u>you</u>
	ㅒ	<u>ye</u>s
	ㅖ	<u>y</u>ellow
[w]类 元音	ㅘ	Ha<u>wa</u>ii
	ㅚ	<u>wa</u>y
	ㅙ	<u>we</u>ight
	ㅝ	<u>wa</u>r
	ㅞ	<u>we</u>ll
	ㅟ	<u>we</u>
—	ㅢ	—

· 对于 애-에, 얘-예, 왜-웨-외 而言, 它们的发音基本不做区分。

8

(2) 辅音的发音

辅音	初声	终声（收音）
ㄱ	gate, kite	sick
ㄴ	noon	moon
ㄷ	dog	cat
ㄹ	line, rain	mall
ㅁ	moon	mom
ㅂ	boy	cap
ㅅ	smile	cat
ㅇ	(No Sound)	young
ㅈ	joy	cat
ㅊ	church	cat
ㅋ	Korea	sick
ㅌ	table	cat
ㅍ	piano	cap
ㅎ	home	cat
ㄲ	skip	sick
ㄸ	stop	—
ㅃ	spy	—
ㅆ	sip	cat
ㅉ	pizza	—

目标语法与补充语法

	目标语法	补充语法
预备课 1	−이에요/예요	누구
预备课 2	이게/저게	뭐예요?
预备课 3	있어요/없어요	숫자① (数字:汉字数词) 몇 번 /몇 월 며칠
预备课 4	주세요	숫자② (数字:固有数词) 개·명·장·권 몇 개/ 몇 명 얼마예요?
第 1 课	이/가 (장소)에 있어요 (위·아래·앞·뒤·옆· 왼쪽·오른쪽·사이)에 있어요	어디
第 2 课	(시간)에 (장소)에 가요 −아/어요①	몇 시 뭐 해요? 은/는
第 3 课	을/를 −아/어요② 에서	
第 4 课	−았/었어요 안 도	'으'불규칙
第 5 课	−고 싶어요 (으)로① −(으)세요①	−지 마세요 에서 까지 어떻게
第 6 课	−(으)러 가요 (이)나 −(으)ㄹ 거예요	

预备课 1　-이에요 / 예요
　　　　　　　누구

-이에요/예요: 是……

例　A: 안녕하세요? 수잔**이에요**. (你好！我是苏珊。)
　　B: 수잔 씨, 안녕하세요? (苏珊，你好。)
　　　저는 앤디**예요**. (我是安迪。)

用法
· 接在名词后的终结词尾，多用于日常生活中不太正式的场合，同时表示对听者的尊敬。

形态
· 有收音时接"이에요"，没有收音时接"예요"。

收音O			收音X		
미국 사람 회사원	+	-이에요	앤디 씨 의사	+	-예요

例　① 미국 사람**이에요**. ((这位)是美国人。)
　　② 앤디 씨**예요**. ((这位)是安迪。)

! 　在韩国语中，根据单词的末音节有无收音，其后接的助词或词尾会有所不同。

+ 　韩国语的句子结构
　: 基本句型由主语和谓语构成。

이분이	**앤디 씨예요.**
主语	谓语

(这位是安迪。)

12

例 ① A: 이 사람이 **누구**예요? (这个人是谁?)
   B: 앤디 씨예요. (是安迪。)

② A: 이분이 **누구**예요? (这位是谁?)
   B: 앤디 씨예요. (是安迪。)

用法

• 询问某人是谁时，在疑问词后面接"-예요?"。

1) 就同一主题或对象展开对话时，后面可以将主语省略。

例 ① A: 이분이 누구예요? (这位是谁?)
   B: (이분이) 앤디 씨예요. ((这位)是安迪。)

② A: 이분이 미국 사람이에요? (这位是美国人吗?)
   B: 네, (이분이) 미국 사람이에요. (是，(这位)是美国人。)

③ A: (이분이) 선생님이에요? (这位是老师吗?)
   B: 아니요, (이분이) 학생이에요. (不是，(这位)是学生。)

2) 进行自我介绍时，使用谦逊的表达方式 "저는(我)"。

例 A : 이름이 뭐예요? (你叫什么名字?)
   B : 저는 앤디예요. (我叫安迪。)

13

이게/저게: 这(个)/那(个)

例 ① **이게** 의자예요. (这是椅子。)
② **저게** 가방이에요. (那是书包。)

用法

• "이게/저게"相当于汉语的"这(个)/那(个)"。"이게"用来指与说话人较近的物体。"저게"用来指与说话人和听话人都较远的物体。"이게/저게"都只能充当句子的主语。

뭐예요?: 是什么?

例 A: 이게 **뭐예요**? (这是什么？)
B: 연필이에요. (是铅笔。)
A: 그럼 저게 **뭐예요**? (那么那是什么?)
B: 시계예요. (是钟。)

用法

• "뭐"相当于汉语的"什么"，用于口语(书写时则用"무엇")，后面接"예요?"，可用于询问物品。

形态

• 在回答"이게/저게 뭐예요?"这一问题时，一般省去主语"이게/저게"。

例 ① A: 이게 **뭐예요**? (这是什么?)
B: (이게) 의자예요. ((这)是椅子。)

② A: 저게 **뭐예요**? (那是什么?)
B: (저게) 가방이에요. ((那)是书包。)

14

③ A: 이름이 **뭐예요**? (你叫什么名字?)

　　B: 앤디예요. (安迪。)

预备课 3

있어요/없어요
숫자 ① (数字：汉字数词)
몇 번 / 몇 월 며칠

있어요/없어요: 「有/在」 / 「没有/不在」

例　A: 수잔 씨, 한국 전화번호 **있어요**? (苏珊，你有韩国的电话号码吗?)

　　B: 네, **있어요**. (有的。)

用法

· "있어요"相当于汉语的"有"或"在"，"없어요"相当于汉语的"没有"或"不在"。

例　① A: 연필 **있어요**? (有铅笔吗?)

　　　B: 네, **있어요**. (有的。)

　　② A: 미나 씨 **있어요**? (美娜在吗?)

　　　B: 네, **있어요**. (在的。)

　　③ A: 지우개 **있어요**? (有橡皮吗?)

　　　B: 아니요, **없어요**. (没有。)

　　④ A: 앤디 씨 **있어요**? (安迪在吗?)

　　　B: 아니요, **없어요**. (不在。)

숫자 ①: (数字：汉字数词)

例　A: 렌핑 씨 생일이 며칠이에요? (任平的生日是几月几号?)

　　B: **7월 15일**이에요. (是7月15号。)

用法

· 汉字数词用于读价格、日期、号码(电话号码、公共汽车路线等)。

形态

1 일	2 이	3 삼	4 사	5 오	6 육	7 칠	8 팔	9 구
10 십	20 이십	30 삼십	40 사십	50 오십	60 육십	70 칠십	80 팔십	90 구십
	100		백					

例

电话号码　　　: 02-925-3857
公共汽车路线　: 34번, 70번
日期　　　　　: 2월 14일, 5월 8일, 12월 25일
价格　　　　　: 10원, 100원

---

1) 0读作"영", 但在读电话号码时要读成"공"。

몇 번: 几号 (汉字数词)

例

A: 전화번호가 **몇 번**이에요? (电话号码是多少?)
B: 010-4948-1287이에요. (010-4948-1287。)

用法

· 在预备课3中学习的"몇"是"几"的意思。在这里和"번(次)"一起使用, 表示"什么, 多少"的意思。

形态

· "몇 번"是在"몇"的后面加上"번", 用于询问号码。回答时使用汉字数词。

例

① A: 전화번호가 **몇 번**이에요? (电话号码是多少?)
　　B: 565-8578이에요. (是565-8578。)

② A: **몇 번** 버스예요? (这是几路公交车?)
　　B: 701번(칠백일 번) 버스예요. (是701路。)

16

1) 号码与号码之间的横线 "—" 读作[에]。

2) 回答 "몇 번이에요?" 这一问题时，要使用汉字数词。

몇 월 며칠: 几月几日 (汉字数词)

例

A: 오늘이 **몇 월 며칠**이에요? (今天是几月几号?)

B: 7월 5일이에요. (7月5号。)

用法

· 用于询问日期。询问月份时，把"몇(几)"放在"월(月)"的前面，写成"몇 월"，读作[며둴]；询问日期时，则要用"며칠"，而不用"몇일(几号)"。

形态

· 虽然发音一样，但是书写时一定要区分"몇일"和"며칠"。回答时用汉字数词。

6月和10月的发音为 "유월" 和 "시월"。

月份

1월(일월) / 2월(이월) / 3월(삼월) / 4월(사월) / 5월(오월) / *6월(유월)

7월(칠월) / 8월(팔월) / 9월(구월) / *10월(시월) / 11월(십일월) / 12월(십이월)

预备课4

주세요
숫자② (数字：固有数词)
개(个), 명(名), 장(张), 권(卷/册)

몇 개 / 몇 명
얼마예요?

주세요: "请给我……"

例

A: 여기요, 물 좀 **주세요**. (服务员，请拿点儿水。)

B: 네. (好的。)

17

用法

· "주세요"相当于汉语的"请给我……"或"我想要……"。

形态

· 接在想要得到的事物名词后，可用于在餐厅、咖啡店、市场等点餐或购物的时候。

例 A: 커피 **주세요**. (请给我咖啡。)
B: 여기 있어요. (给您。)

숫자 ②: (数字 : 固有数词)

例 A: 된장찌개 **한** 개, 비빔밥 **두** 개 주세요. (请给我来一份大酱汤，两碗拌饭。)
B: 여기 있어요. (这是您的餐。)

用法

· 韩国语中存在两套数字体系。数数时主要用固有数词，读号码时则用汉字数词。

形态

固有数词							
1	하나	6	여섯	11	열 하나	16	열 여섯
2	둘	7	일곱	12	열 둘	17	열 일곱
3	셋	8	여덟	13	열 셋	18	열 여덟
4	넷	9	아홉	14	열 넷	19	열 아홉
5	다섯	10	열	15	열 다섯	20	스물

개(个), 명(名), 장(张), 권(卷/册)

例 A: 우유 2**개** 주세요. 얼마예요? (请给我两瓶牛奶。一共多少钱？)
B: 5,700원이에요. (5,700韩元。)

개(个), 명(名), 장(张), 권(卷/册), 병(瓶), 잔(杯), 마리(头/条)

固有数词+量词 개(个), 명(名), 장(张), 권(卷/册), 병(瓶), 잔(杯), 마리(头/条)						
물건(东西)	사람(人)	종이(纸)	책(书)	병(瓶)	잔(杯)	동물(动物)
한 개	한 명	한 장	한 권	한 병	한 잔	한 마리
두 개	두 명	두 장	두 권	두 병	두 잔	두 마리
세 개	세 명	세 장	세 권	세 병	세 잔	세 마리
네 개	네 명	네 장	네 권	네 병	네 잔	네 마리
다섯 개	다섯 명	다섯 장	다섯 권	다섯 병	다섯 잔	다섯 마리

몇 개: 几个　몇 명: 几名, 几个人

例 A: **몇 개** 있어요? (有几个?)
B: 세 개 있어요. (有三个。)

A: **몇 명** 있어요? (有几个人?)
B: 네 명 있어요. (有四个人。)

用法
· "몇" 相当于汉语的 "几，若干"，后面接量词。

形态
· 数物品时后面接 "개(个)"，数人时后面接 "명(名)"。 后面的量词都和固有数词结合。

얼마예요?: 多少钱? (汉字数词)

例 A: 포도 **얼마예요**? (葡萄多少钱？)
B: 한 개에 7,800원이에요. (一串7,800韩元。)

用法

· 用于询问价格。

形态

· 回答时用汉字数词。

1 일	2 이	3 삼	4 사	5 오	6 육	7 칠	8 팔	9 구
10 십	20 이십	30 삼십	40 사십	50 오십	60 육십	70 칠십	80 팔십	90 구십

100	백	1,000,000	백만
1,000	천	10,000,000	천만
10,000	만	100,000,000	억
100,000	십만		

 A: **얼마예요**? (多少钱?)

B: 오만 원이에요. (5万韩元。)

> 1) "20,000원"读作"이만원"，但"10,000원"不读成"일만원"，应读作"만 원"。

第 1 课

이/가
(장소)에 있어요
어디

(위 · 아래 · 앞 · 뒤 · 옆 ·
왼쪽 · 오른쪽 · 사이)에 있어요

이/가: 表示主语的助词

例 ① 선생님**이** 도서관에 있어요. (老师在图书馆。)

② 미나 씨**가** 여기 있어요. (美娜在这儿。)

用法

· 表示主语，汉语中没有对应的助词。

形态

· 有收音时用"이"，没有收音时用"가"。

收音O			
선생님 한국	+	이	

收音X			
미나 씨 학교	+	가	

(장소)에 있어요: 在 (表示场所的助词)

例 ① 학교**에** 있어요. (在学校。)
　　② 집**에** 없어요. (不在家。)

用法
· 表示场所，用于表示场所、位置的名词后面，汉语中没有对应的助词。

形态
· 在"있어요"、"없어요"的前面只用"에"。

어디: 哪儿

例 A: 스터디 카페가 **어디**에 있어요? (自习咖啡厅在哪儿？)
　　B: A빌딩에 있어요. (在A楼。)

用法
· 相当于汉语的"哪儿、哪里"，用于询问物品、建筑物、人等的位置。

形态
· 后面接"있어요"时，用"에"，如果接"예요"时，则不用"에"。

例 ① A: 지금 **어디**에 있어요? (现在在哪儿?)
　　　B: 학교에 있어요. (在学校。)

　　② A: 지금 어디예요? (现在在哪儿?)
　　　B: 학교예요. (在学校。)

用法

· 在方位词的后面添加助词"에"，用以表示位置。

例 가방이 책상 **위**에 있어요. (书包在桌子上面。)

가방이 책상 **아래**에 있어요. (书包在桌子下面。)

가방이 책상 **뒤**에 있어요. (书包在桌子后面。)

가방이 책상 **옆**에 있어요. (书包在桌子旁边。)

가방이 책상 **왼쪽**에 있어요. (书包在桌子左边。)

가방이 책상 **오른쪽**에 있어요. (书包在桌子右边。)

例 가방이 앤디 씨 가방하고 미나 씨 가방 **사이**에 있어요.

(书包在安迪的书包和美娜的书包中间。)

第 2 课

(시간)에	-아/어요 ①
몇 시	뭐 해요?
(장소)에 가요	은/는

(시간)에 : 表示时间的助词

例 A: 사라 씨, 내일 저녁 여섯 시에 시간 있어요? (莎拉，明天晚上六点有空吗？)

B: 왜요? (怎么啦？)

用法

· 汉语中没有类似的助词。

形态

· 用于表示日期、星期、时间的名词后面。

例 ① A: 몇 시<u>에</u> 가요? (几点走?)

　B: 7시<u>에</u> 가요. (7点走。)

例 ② A: 언제 가요? (什么时候走?)

　B: 10월 3일<u>에</u> 가요. (10月3号走。)

몇 시: 几点

例 A: **몇 시**에 공항에 가요? (几点去机场?)

　B: 오후 다섯 시에 공항에 가요. (下午五点去机场。)

用法
· 询问时间的疑问表达。

形态
· 回答时，小时用固有数词、分秒用汉字数词表示。

时间 (固有数词)		

한 시 / 두 시 / 세 시 / 네 시 / 다섯 시 / 여섯 시

일곱 시 / 여덟 시 / 아홉 시 / 열 시 / 열한 시 / 열두 시

십 분 / 이십 분 / 삼십오 분 / 사십칠 분 / 오십 분 / 오십육 분

例 1:40 **한 시** **사십 분** 　　2:30 **두 시** **삼십 분**
　　　固有数词 汉字数词 　　　　　固有数词 汉字数词

例 A: 한스 씨는 보통 몇 시에 일어나요? (汉斯，你一般几点起床?)

　B: 여섯 시 삼십 분에 일어나요. (六点三十分起床。)

例
A: 지금 어디**에 가요**? (你现在去哪儿?)
B: 도서관**에 가요**. (我去图书馆。)

用法

· 汉语中没有类似的助词。

形态

· 用于动词"가다"和"오다"之前、目的地名词之后，表示场所、目的地。

例
A: 그럼 몇 시에 **자요**? (那你几点睡觉?)
B: 열한 시에 **자요**. (十一点睡觉。)

用法

· 韩国语根据对话双方的年龄、关系以及说话的环境，变换句尾的终结词尾。韩国语有正式场合、非正式场合以及朋友之间对话时使用的终结词尾。本课学习非正式场合中使用的终结词尾。日常生活中，如想较为郑重地进行表达时（如购物或与人初次见面时等），在句子的最后添加"-요"。

形态

· 本课学习"가다（去）""오다（来）""일어나다（起床、起来）""자다（睡）""하다（做）"五个动词，它们与"-요"的现在时相结合时分别变为"가요""와요""일어나요""자요""해요"。第3课将继续学习其他动词。

例
A: 어디에 **가요**? (你去哪儿?)
B: 학교에 **가요**. (我去学校。)

> 在非正式场合的对话中，不使用"당신(你)"来称呼对方，而称呼对方的名字或职务。
>
> 例 A: 앤디 씨, 뭐 해요? (安迪(你)在干什么?)
>   B: 운동해요. (我在运动。)

> 现在时不仅可以用来表示现在，还可以表示不远的将来。
>
> 例 ① 지금은 집에 있어요. (现在在家里。 – 现在的状态)
>   ② 오늘은 뭐 해요? (今天要做什么? – 对未来计划的提问)
>
> 还可以用于正在进行的状态。
>
> 例 ① 지금은 뭐 해요? (现在在做什么? – 进行时)

뭐 해요?: （在/要）做什么?

例 A: 렌핑 씨, 오늘 오후에 공부해요? (任平, 今天下午你学习吗?)
    B: 아니요. (不学。)
    A: 그럼 **뭐 해요**? (那你要做什么?)
    B: 명동에 가요. (去明洞。)

用法

• 在疑问词"뭐(什么)"后面添加"해요"组成"뭐 해요"，用于询问现在或将来的行动。

例 A: 오후에 **뭐 해요**? (你下午干什么?)
    B: 영화관에 가요. (我去电影院。)

> 由于"뭐 해요"中两个元音之间的"ㅎ"音弱化，"뭐 해요?(干什么?)"和"뭐예요?(是什么?)"这两个句子听起来发音相似，因此需要根据上下文的内容来判断句子的意思。

例 A: 체육관에 가요. 수잔 씨**는** 어디에 가요? (我去体育馆。苏珊你去哪儿？)
B: 저도 체육관에 가요. (我也去体育馆。)

用法

· 主要用于介绍某人或某事物，或是比较两个以上的事物并进行强调的时候。

形态

· 用在名词后面，有收音时用 "은"，没有收音时用 "는"。

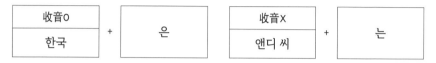

收音O				收音X		
한국	+	은		앤디 씨	+	는

例 ① 안나 씨는 캐나다 사람이에요. (安娜是加拿大人。) → 介绍

② 앤디 씨 방은 작아요. 그런데 마이클 씨 방은 커요. → 比较
(安迪的房间小，但迈克尔的房间大。)

③ 백화점이 비싸요. 하지만 물건은 좋아요. → 强调
(百货商场价格贵，但是东西好。)

第 **3** 课
을/를
-아/어요 ②
에서

을/를 : 表示动作目的的助词，即宾语助词。

例 ① 텔레비전**을** 봐요. (看电视。)
② 한국어**를** 공부해요. (学习韩国语。)

26

用法

· 汉语中没有类似的助词。用在名词后面，表示他动词的目的。

形态

· 有收音时用"을"，没有收音时用"를"。

收音O				
텔레비전	+	을		

收音X		
한국어	+	를

例 A: 하루카 씨, 오늘 일본어**를** 가르쳐요? (晴香，今天教日语吗？)

B: 아니요. (不教。)

A: 그럼 뭐 해요? (那干什么？)

B: 영화**를** 봐요. (看电影。)

> ❗ 在韩国人的实际对话中，省略宾格助词的情况很多，但是在初级学习阶段，说话时最好不要省略 "을/를"。
>
> 例 사과**를** 먹어요. (＝사과 먹어요) 吃苹果。

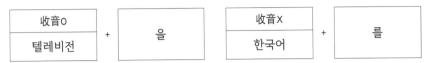

-아/어요 ②: 用于非正式场合且语气柔和的语体

例 저는 월요일에 체육관에서 태권도를 **배워요**. (我星期一在体育馆学跆拳道。)

화요일에 친구하고 **점심 식사해요**. (星期二和朋友吃午饭。)

식당에서 중국 음식을 **먹어요**. (在餐厅吃中餐。)

금요일에 친구 집에서 영화를 **봐요**. (星期五在朋友家里看电影。)

用法

· 在第二课学习了非正式场合中使用的终结词尾，本课学习动词、形容词后接非格式体终结词尾的活用变化。韩国语动词、形容词的终结词尾活用变化相同。

形态

1) 当词干末音节元音是"ㅏ"或"ㅗ"时，后面接"-아요"。

词干	词尾	-아요	结合形式
살	다 (活)	살 -아요	살아요

오	다 (来)	오 -아요	와요(오 + 아 → 와)
가	다 (去)	가 -아요	가요(가 + 아 → 가)
많	다 (多)	많 -아요	많아요

2) 当词干末音节元音是"ㅏ"或"ㅗ"以外的其他元音时，后面接"-어요"。

词干	词尾	-어요	结合形式
먹	다 (吃)	먹 -어요	먹어요
주	다 (给)	주 -어요	줘요(주 + 어 → 줘)
마시	다 (喝)	마시 -어요	마셔요(마시 + 어 → 마셔)
적	다 (少)	적 -어요	적어요

3) "하다"变为"해요"。

词干	词尾	结合形式
말하	다 (说, 说话)	말해요
공부하	다 (学习)	공부해요
피곤하	다 (累, 疲劳)	피곤해요

> **!**
>
> 动词和形容词由"词干"和"词尾"组成。把动词和形容词最后的"다"去掉，剩余部分就是"词干"。
>
> 일어나다(起床): 일어나 + 다　　　싸다(便宜): 싸 + 다
> 　　　　　　　词干　词尾　　　　　　　　　　　词干 词尾

> **+**
>
> 在韩国语中，使用非格式体终结词尾表示陈述句、命令句、疑问句、共动句时，无需改变"요"的形态，只需改变每个句子的内容和语调即可。
>
> 陈述句: 집에 가요. (回家。)
> 命令句: 집에 가요! (回家!)
> 疑问句: 집에 가요? (回家吗?)
> 共动句: 집에 같이 가요. ((我们)一起回家吧。)

例 A: 어디**에서** 한국 요리를 배워요? (在哪里学韩国料理？)
B: 요리 교실**에서** 한국 요리를 배워요. (在美食课堂学韩国料理。)

用法

· 在第1课中学习的助词"에"，用于"있어요/없어요"之前，表示物品和人存在的场所。本课学习的"에서"，相当于汉语的"在"，表示行为与动作进行的场所，用在表示场所的名词后面。

例 ① 집**에서** 공부해요. (在家学习。)
② 오늘 집**에** 있어요. (今天在家。)

第 4 课

-았/었어요   '으'불규칙
안
도

例 A: 렌핑 씨, 핸드폰 **샀어요**? (任平，你买手机了？)
B: 네, **샀어요**. (嗯，买了。)
A: 언제 **샀어요**? (什么时候买的？)
B: 3일 전에 **샀어요**. (3天前买的。)

形态

· "-았/었어요"是"-아/어요"的过去式。动词和形容词的过去式词尾活用变化和现在式相同。

1) 当词干末音节元音是"ㅏ"或"ㅗ"时，后面接"-았어요"。

词干	词尾	-았어요	结合形式
살	다 (活)	살 -았어요	살았어요
오	다 (来)	오 -았어요	왔어요(오 + 았 → 왔)
가	다 (去)	가 -았어요	갔어요(가 + 았 → 갔)
많	다 (多)	많 -았어요	많았어요

29

2) 当词干末音节元音是"ㅏ"或"ㅗ"以外的其他元音时，后面接"-었어요"。

词干	词尾	-었어요	结合形式
먹	다 (吃)	먹 -었어요	먹었어요
주	다 (给)	주 -었어요	줬어요(주 + 었 → 줬)
마시	다 (喝)	마시 -었어요	마셨어요(마시 + 었 → 마셨)
적	다 (少)	적 -었어요	적었어요

3) "하다"变为"했어요"。

词干	词尾	结合形式
말하	다 (说, 说话)	말했어요
공부하	다 (学习)	공부했어요
피곤하	다 (累, 疲劳)	피곤했어요

안: 动词、形容词的否定表达 (口语)

例
A: 투안 씨, 월요일에 도서관에 갔어요? (俊，星期一去图书馆了吗？)
B: 아니요, **안** 갔어요. (没有，没去。)

用法

• 用在动词、形容词的前面，表示否定。

안 + 动词 ： 오늘 학교에 **안** 가요. (今天不去学校。)
안 + 形容词 ： 날씨가 **안** 좋아요. (天气不好。)

!

由"汉字词+하다"组成的动词，如"공부하다(工夫하다)"等，"안"要用在"하다"的前面。

名词 안 하다: 공부해요. (学习。)
안 공부해요. (×)
공부 안 해요. (○) (不学习。)

30

例 A: 집에서 뭐 했어요? (在家干了什么？)
　 B: 요리했어요. 그리고 청소<u>도</u> 했어요. (做了饭，还打扫了卫生。)

用法

· 用于表达和前述事项相同的事实。

例 김치를 좋아해요. 불고기<u>도</u> 좋아해요. (喜欢泡菜，也喜欢烤牛肉。)

例 A: 네, 그런데 하루카 씨는 어제 왜 파티에 안 왔어요? (对啊，晴香你昨天怎么没
　 来派对？)
　 B: 어제 **바빴어요**. (昨天太忙了。)

形态

· 动词、形容词的词干以"ㅡ"结束时，要先把"ㅡ"脱落，再接"아/어/여요"。

1) "ㅡ"前面的元音是"ㅏ"或"ㅗ"时，后接"-아요"。
바쁘다(忙)：바쁘 - 아요 → 바빠요. (忙)

2) "ㅡ"前面的元音是"ㅏ"、"ㅗ"以外的其他元音时，后接"-어요"。
예쁘다(美丽、漂亮)：예쁘 - 어요 → 예뻐요. (美丽、漂亮)

3) 词干是单音节时，后接"-어요"。
쓰다(写，用)：쓰 - 어요 → 써요. (写，用)

> ! 不规则谓语：部分动词、形容词在与"아/어/여요"等词尾相连时，词干发生变化。
> 这类动词、形容词被称作"不规则谓语"，也就是词干以"ㄷ,ㄹ,ㅂ,ㅅ,으,르"结束的动
> 词、形容词。当不规则谓语与元音开头的词尾相连时，词干发生变化。

第 **5** 课

-고 싶어요	-지 마세요
(으)로①	에서 까지
-(으)세요①	어떻게

-고 싶어요: 想做~

例
① 안나 씨를 **만나고 싶어요**. (我想见安娜。)
② 빵을 **먹고 싶어요**. (我想吃面包。)

用法
· 表达主语的愿望或希望。

形态
· 和动词连用，不论动词词干有无收音，其形式不变。

만나다(见) ： 만나 -고 싶어요 → 만나고 싶어요

먹다(吃)   ： 먹   -고 싶어요 → 먹고 싶어요

(으)로 ①: 用，以 (表示手段、方式的助词)

例
앤디 : 스티브 씨는 어떻게 학교에 와요? (史蒂夫你怎么来学校?)
스티브 : 지하철**로** 와요. (坐地铁来。)

用法
· 相当于汉语的"用，以"，表示手段、方式和方法(如：乘出租车、打电话、用钢笔、用手)。
  这里只学习利用交通工具。

形态
· 词干末音节无收音或是以"ㄹ"结尾时，后面接"로"，如果词干末音节以"ㄹ"以外的其他收音结尾时，后面接"으로"。

例 지하철 2호선을 **타세요**. (请搭乘地铁2号线。)

그리고 을지로 3가 역에서 3호선으로 **갈아타세요**. (然后在乙支路3街站换乘3号线。)

用法

· 用在动词后，表示郑重的要求或命令，口吻比较亲切、委婉。

形态

· 动词词干末音节无收音后接"세요"，有收音后接"으세요"。

가다(走，去)：가 -세요 → 가세요

읽다(读，念)：읽 -으세요 → 읽으세요

例 집에 가**지 마세요**. (请别回家。)

用法

· "-지 마세요"是"-(으)세요"的否定形式。

形态

· 无论动词词干末音节是否有收音，词干后都直接添加"-지 마세요"。

例 학교**에서** 집**까지** 걸어서 왔어요. (从学校到家走回来的。)

用法

· 相当于汉语的"从……到……"，表示从某一场所向另一场所移动的起止地点。

时间 名词 + -부터 时间 名词 + -까지

相当于汉语的"从……到……",表示时间的起止。

> 例 마이클 씨가 아침**부터** 저녁**까지** 일을 해요. (迈克尔从早到晚工作。)

어떻게 : 怎么 (疑问副词)

> 例 ① **어떻게** 가요? (怎么走?)
> ② 김치는 **어떻게** 만들어요? (怎么做泡菜?)

用法

· 相当于汉语的疑问副词"如何",用于询问方法。

第 6 课

-(으)러 가요
(이)나
-(으)ㄹ 거예요

-(으)러 가요 : 去（某地）（做某事）

> 例 ① 책을 **사러** 서점에 **가요**. (去书店买书。)
> ② 점심을 **먹으러** 식당에 **가요**. (去餐厅吃午饭。)
> ③ 공원에 **놀러** 왔어요. (来公园玩。)

用法

· 表示来去动作的目的。"-(으)러"用在表示目的的动词后面。

形态

· 动词词干末音节无收音或者以"ㄹ"结尾时,后接"-러 가다/오다",以"ㄹ"以外的其他收音结尾时,后接"-으러 가다/오다"。

> 在叙述过去的事情时，要将动词"가다/오다"改为过去式，而不改变接在"-러"前面动词的形态。
>
> 어제 책을 **사러** 서점에 갔어요. (昨天去书店买书了。)

 A: 어디에 갈 거예요? (去哪儿爬山？)

B: 북한산이나 관악산에 갈 거예요. (打算去北汉山或者冠岳山。)

用法

· "(이)나"用于连接两个名词，表示选择，与"-거나"的含义相似。

形态

· "이나"用于以辅音结尾的名词后面，"나"用于以元音结尾的名词后面。

名詞 + (이)나 + 名詞

커피 / 차 : 커피**나** 차

책 / 신문 : 책**이나** 신문

 ① 책**이나** 신문을 읽어요. (看书或者看报。)

② 커피**나** 차를 마셔요. (喝咖啡或者茶。)

 ① A: 안나 씨, 언제 부산에 **갈 거예요**? (安娜，(你)什么时候去釜山?)

B: 다음 주에 **갈 거예요**. ((我)下周去。)

② 오늘 친구하고 점심을 먹**을 거예요**. (今天(我)要和朋友一起吃午饭。)

用法

· 表示动作主体未来要做的事情。

35

形态

• "-(으)ㄹ 거예요" 和动词连用，词干末音节有收音后接"-을 거예요"，无收音后接"-ㄹ 거예요"。

가다 : 가 -ㄹ 거예요 → 갈 거예요

먹다 : 먹 -을 거예요 → 먹을 거예요

① "ㄷ"不规则动词

词干末音节为收音"ㄷ"的不规则动词，先将"ㄷ"变为"ㄹ"后，再接"-을 거예요"。

걷다 : 걷 -을 거예요 → 걸을 거예요

② "ㄹ"不规则动词/形容词

词干末音节为收音"ㄹ"的动词/形容词，"ㄹ"脱落后，接"-ㄹ 거예요"。

만들다 : 만드 -ㄹ 거예요 → 만들 거예요

主语是第三人称的时候，也可以表示说话人的推测。这时也可以接在形容词的词干后面。

① 앤디 씨가 운동을 **좋아할 거예요**. (安迪可能喜欢运动。)
② 앤디 씨가 지금 식당에 **있을 거예요**. (安迪现在可能在食堂。)
③ 앤디 씨 생일이 **5월 20일일 거예요**. (安迪的生日可能是5月20日。)

36

各单元词汇与表达

● 名词　■ 动词　▲ 形容词　◆ 其他　□ 句式

말하기 口语

국적 国籍

● 미국	美国
● 한국	韩国
● 중국	中国
● 태국	泰国
● 일본	日本
● 독일	德国
● 베트남	越南
● 프랑스	法国
● 몽골	蒙古
● 브라질	巴西

직업 职业

● 학생	学生
● 선생님	老师
● 회사원	公司职员
● 의사	医生
● 간호사	护士
● 요리사	厨师
● 가수	歌手
● 배우	演员
● 작가	作家
● 패션 디자이너	服装设计师
● 군인	军人
● 경찰	警察

대화 对话

□ 안녕하세요?	你好！
□ 이름이 뭐예요?	你叫什么名字?
□ A: 어느 나라 사람 이에요?	你是哪国人?
□ B: 미국 사람이에요.	(我) 是美国人。
□ 아, 그래요?	啊，是吗?
□ 반갑습니다.	见到你很高兴。
□ 무슨 일을 하세요?	你是做什么工作的?
● 일본어 선생님	日语老师
● 가이드	导游
● 프로그래머	程序员
□ A: 이분이 누구예요?	这位是谁?
□ B: 가브리엘 씨예요.	是加布里埃尔。

읽고 말하기 读与说

● 운동	运动
□ 좋아해요.	喜欢。
□ 만나서 반갑습니다.	见到你很高兴。
● 드라마	电视剧
● 공부	学习

준비 제 **2** 과

□ A: 고마워요.	A: 谢谢。
□ B: 아니에요.	B: 不客气。
● 충전기	充电器
● 핸드폰	手机

말하기 口语

사물 物品

● 책	书
● 공책	本子, 练习本
● 필통	笔袋, 文具盒
● 연필	铅笔
● 샤프	自动铅笔
● 볼펜	圆珠笔
● 지우개	橡皮
● 수정 테이프	修正带
● 가위	剪刀
● 가방	包
● 우산	雨伞
● 달력	月历, 日历
● 책상	课桌, 书桌
● 의자	椅子
● 시계	钟, 表
● 노트북	笔记本电脑
● 텔레비전	电视
● 에어컨	空调

대화 对话

◆ 그럼	那么, 那样的话
□ A: 누구 거예요?	A: 是谁的?
□ B: 제 거예요.	B: 是我的。
□ 여기 있어요.	在这里。

듣고 말하기 听与说

● 거울	镜子
● 비누	肥皂
● 수건	毛巾, 手巾
● 휴지	卫生纸
● 칫솔	牙刷
● 치약	牙膏
● 접시	盘子, 碟子
● 컵	杯子
● 숟가락	勺子
● 젓가락	筷子
□ 이게 한국어로 뭐예요?	这个用韩语怎么说?
□ 사라 씨 거예요.	是莎拉的。

준비 제 **3** 과

말하기 口语

숫자 ① 数字 ①

| ◆ 0 공 | 0 零 |
| ◆ 1 일 | 1 一 |

39

◆ 2 이	2 二		
◆ 3 삼	3 三		
◆ 4 사	4 四		
◆ 5 오	5 五		
◆ 6 육	6 六		
◆ 7 칠	7 七		
◆ 8 팔	8 八		
◆ 9 구	9 九		
◆ 10 십	10 十		
◆ 20 이십	20 二十		
◆ 30 삼십	30 三十		
◆ 40 사십	40 四十		
◆ 50 오십	50 五十		
◆ 60 육십	60 六十		
◆ 70 칠십	70 七十		
◆ 80 팔십	80 八十		
◆ 90 구십	90 九十		
◆ 100 백	100 一百		

날짜 日期

● 1월 일월	一月
● 2월 이월	二月
● 3월 삼월	三月
● 4월 사월	四月
● 5월 오월	五月
● 6월 유월	六月
● 7월 칠월	七月
● 8월 팔월	八月
● 9월 구월	九月
● 10월 시월	十月
● 11월 십일월	十一月
● 12월 십이월	十二月

문법 语法

◆ 지금	现在
● 안경	眼镜
● 컴퓨터	电脑
● 선글라스	墨镜
● 교통카드	交通卡
● 여권	护照

대화 对话

● 전화번호	电话号码
□ A: 전화번호가 몇 번이에요?	A: 电话号码是多少?
□ B: 010-4948-1287이에요.	B: 是010-4948-1287。
□ A: 맞아요?	A: 对吗?
□ B: 네, 맞아요.	B: 对的。
● 생일	生日
□ A: 알아요?	A: 知道吗?
□ B: 네, 알아요.	B: 是，我知道。
□ A: 생일이 며칠이에요?	A: 生日是几月几号?
□ B: 7월 15일이에요.	B: 是7月15号。

말하기 口语

숫자 ② 数字 ②

◆ 하나	一
◆ 둘	二
◆ 셋	三
◆ 넷	四
◆ 다섯	五
◆ 여섯	六
◆ 일곱	七
◆ 여덟	八
◆ 아홉	九
◆ 열	十
◆ 한 개	一个
◆ 두 개	两个
◆ 세 개	三个
◆ 네 개	四个

금액 金额

◆ 십 원	十韩元
◆ 오십 원	五十韩元
◆ 백 원	一百韩元
◆ 오백 원	五百韩元
◆ 천 원	一千韩元
◆ 오천 원	五千韩元
◆ 만 원	一万韩元
◆ 오만 원	五万韩元

문법 语法

● 커피	咖啡
● 물	水
● 콜라	可乐
● 오렌지 주스	橙汁
● 레몬차	柠檬茶
● 녹차	绿茶
□ A: 몇 개 있어요?	A: 有几个?
□ B: 한 개 있어요.	B: 有一个。
□ A: 얼마예요?	A: 多少钱?
□ B: 이만 삼천팔백 오십 원이에요.	B: 两万三千八百五十韩元。

대화 对话

□ 여기요.	这里；服务员（用于叫服务员）
□ 물 좀 주세요.	请拿点儿水。
● 된장찌개	大酱汤
● 비빔밥	拌饭
● 김치찌개	泡菜汤
● 냉면	冷面
● 삼계탕	参鸡汤
● 빨대	吸管
□ 저기 있어요.	在那儿。
● 아메리카노	美式咖啡
● 카페라테	拿铁咖啡
● 레모네이드	柠檬汽水，柠檬水
● 아이스티	冰红茶

- 라면 　　　泡面
- 우유 　　　牛奶
- 맥주 　　　啤酒
- 사과 　　　苹果
- 바나나 　　香蕉
- 포도 　　　葡萄
- □ 어서 오세요. 　欢迎光临。
- □ 모두 얼마예요? 　一共多少钱?

第 1 课

말하기 口语

장소 地点、场所

- 학교 　　　学校
- 교실 　　　教室
- 도서관 　　图书馆
- 카페 　　　咖啡厅
- 편의점 　　便利店
- 식당 　　　食堂、餐厅、饭店
- 회사 　　　公司
- 영화관 　　电影院
- 서점 　　　书店
- 은행 　　　银行
- 대사관 　　大使馆
- 우체국 　　邮局

- □ A: 여기가 어디 예요? 　A: 这是哪儿?
- □ B: 학교예요. 　　B: 是学校。

위치 位置

- 위 　　　上
- 아래 　　下
- 앞 　　　前
- 뒤 　　　后
- 옆 　　　旁边
- 왼쪽 　　左
- 오른쪽 　右
- 안 　　　里
- 밖 　　　外

문법 语法

- 직업 　　　职业
- 오늘 　　　今天
- ◆ 몇 명 　　几名
- ◆ 1층 　　　1层，1楼
- 화장실 　　洗手间，卫生间，厕所
- 지하 　　　地下
- 고양이 　　猫
- 쓰레기통 　垃圾桶
- 강아지 　　小狗
- 침대 　　　床
- 모자 　　　帽子

대화 对话

- □ 실례합니다. 　打扰一下，失礼（常用作婉语使用）
- □ 여보세요. 　　喂（电话用语）。

◆ 혹시	或许，或者
◆ 제 책	我的书
● 문	门
◆ 이 근처	这附近
● 빌딩	大楼，大厦
□ A: 감사합니다.	A: 谢谢。
□ B: 아니에요.	B: 不客气。

읽고 말하기 读与说

● 고향	故乡，老家
● 집	家，房子
● 파리	巴黎
● 상파울루	圣保罗
□ 한국 영화를 좋아해요.	喜欢韩国电影。
● 백화점	百货商场，百货商店
● 공원	公园

듣고 말하기 听与说

◆ 스터디 카페	自习咖啡厅
◆ 참!	对了！
□ 시간이 있어요?	有时间吗？有空吗？
□ 왜요?	怎么了？
□ 제 생일이에요	是我的生日。
◆ 친구들하고	和朋友们
□ 같이 식사해요.	一起吃饭。
□ 좋아요.	好的。

말하기 口语

시간 时间

● 오전	上午
● 오후	下午
● 시	点，时
● 분	分
□ A: 몇 시예요?	A: 几点？
□ B: 한 시예요.	B: 一点。
□ 한 시 삼십 분이에요.	一点三十分。
□ 한 시 반이에요.	一点半。

행동① 行为动作 ①

■ 공부하다 - 공부해요	学习
■ 일하다 - 일해요	工作，干活
■ 요리하다 - 요리해요	做饭，烹饪
■ 식사하다 - 식사해요	吃饭，用餐
■ 이야기하다 - 이야기해요	说话，聊天
■ 전화하다 - 전화해요	打电话
■ 운동하다 - 운동해요	运动
■ 쇼핑하다 - 쇼핑해요	购物

43

■ 숙제하다 – 숙제해요	做作业	● 호주	澳大利亚
■ 세수하다 – 세수해요	洗脸，洗手，洗漱	● 시드니	悉尼
■ 샤워하다 – 샤워해요	淋浴，冲澡	● 베를린	柏林
■ 게임하다 – 게임해요	打游戏，做游戏	● 친구	朋友

■ 숙제하다 – 숙제해요　做作业

■ 세수하다 – 세수해요　洗脸，洗手，洗漱

■ 샤워하다 – 샤워해요　淋浴，冲澡

■ 게임하다 – 게임해요　打游戏，做游戏

문법 语法

□ 일어나요.　起来; 起床。

□ 자요.　睡觉。

□ 가요.　去。

● 체육관　体育馆

● 공항　机场

● 병원　医院

□ 와요.　来。

◆ 학생 식당　学生食堂

◆ 저녁 식사하다　吃晚饭

대화 对话

◆ 저도　我也

◆ 보통　一般，普通

□ 아침 식사해요.　吃早饭。

□ 점심 식사해요.　吃午饭。

읽고 말하기 读与说

◆ 사람들　人们

◆ 학생들　学生们

● 길　路

□ 자동차가 많아요.　车多。

● 시험　考试

● 호주　澳大利亚

● 시드니　悉尼

● 베를린　柏林

● 친구　朋友

● 수업　课，课程

● 밤　夜晚

□ 조용해요.　安静。

● 방　房间

● 회의　会议

듣고 말하기 听与说

◆ 내일　明天

● 저녁　晚上

□ 미안해요.　对不起。

□ 약속이 있어요.　有约。

◆ 다음에　下次

◆ 제 친구　我的朋友

□ 내일 같이 만나요.　明天见。

第 3 課

말하기 口语

행동② 行为动作②

◆ (비자를) 받다 – 받아요　得到（签证）- 获得，得到

◆ (친구를) 만나다 – 만나요　见（朋友）- 见，见面

◆ (옷을) 사다 - 사요	买（衣服）- 买	◆ 댄스 교실	舞蹈教室
◆ (영화를) 보다 - 봐요	看（电影）- 看	■ 축구하다	踢足球
◆ (밥을) 먹다 - 먹어요	吃（饭）- 吃	● 운동장	操场，体育场
◆ (책을) 읽다 - 읽어요	读（书）- 读，阅读	■ 산책하다	散步

읽고 말하기 读与说

◆ (영어를) 가르치다 - 가르쳐요	教（英语）- 教	● 월요일	星期一
◆ (커피를) 마시다 - 마셔요	喝（咖啡）- 喝	● 화요일	星期二
◆ (책을) 빌리다 - 빌려요	借（书）- 借	● 수요일	星期三
◆ (테니스를) 배우다 - 배워요	学（网球）- 学，学习	● 목요일	星期四
◆ (춤을) 추다 - 춰요	跳（舞）- 跳	● 금요일	星期五
◆ (음악을) 듣다 - 들어요	听（音乐）- 听	● 토요일	星期六

문법 语法

□ 싫어해요,	讨厌，不喜欢	● 일요일	星期日，星期天
◆ 한국 음식	韩餐，韩国美食	● 태권도	跆拳道
● 김밥	紫菜包饭	◆ 중국 음식	中餐，中国美食
● 요가	瑜伽	◆ 아주	非常，很
● 테니스장	网球场	● 불고기	烤牛肉

대화 对话

		■ 만들다	做，制作
● 일본어	日语	■ 여행하다	旅游，旅行
◆ 테니스를 치다	打网球	◆ 월요일부터	从星期一
◆ 요가를 하다	练瑜伽	◆ 금요일까지	到星期五
◆ 한국 요리	韩国料理	□ 바빠요.	忙。
◆ 요리 교실	美食课堂	■ 등산하다	登山，爬山
◆ 친구 집	朋友家		

듣고 말하기 听与说

● 영화표	电影票
□ 무슨 영화예요?	什么电影?
◆ 그 영화	那部电影，那个电影
□ 재미있어요.	有趣。

□ 몰라요.	不知道。
◆ 용산 역	龙山站
◆ 1번 출구	1号出口

第 4 课

말하기 口语

과거 시간 过去

● 오늘	今天
● 어제	昨天
◆ 2일 전	2天前
◆ 이번 주	这周，这个星期
● 지난주	上周，上个星期
◆ 이번 달	这个月
● 지난달	上个月
● 올해	今年
● 작년	去年

집안일 家务活

◆ 요리(를) 하다	做饭
◆ 청소(를) 하다	打扫卫生
◆ 설거지(를) 하다	洗碗
◆ 빨래(를) 하다	洗衣服
◆ 다리미질(을) 하다	熨衣服
◆ 책상 정리(를) 하다	整理书桌

문법 语法

□ 날씨가 좋아요.	天气好。
□ 교실이 조용해요.	教室安静。
● 매일	每天
● 주말	周末
□ 피곤해요.	疲惫。
□ 수업 후	课后

대화 对话

◆ 언제	什么时候
● 수영	游泳
◆ 이사하다	搬家
◆ 왜	为什么
◆ 점심을 먹다	吃午饭
▲ 바쁘다	忙
◆ 다리가 아프다	腿疼
◆ 일이 많다	事情多，工作多，活儿多
◆ 시간이 없다	没时间

읽고 말하기 读与说

◆ 그래서	所以，于是
■ 초대하다	邀请，招待
● 파티	聚会，派对
■ 준비하다	准备
◆ 그리고	和，并且，然后
● 마트	超市
● 과일	水果
● 주스	果汁
◆ 다 같이	一起
◆ 맛있게	美味地，津津有味地
◆ 많이	多
□ 아홉 시쯤	九点左右

■ 끝나다	结束
◆ 그다음에	之后，下一个
■ 노래하다	唱歌
◆ 정말	真的，实在，确实
■ 말하다	说，告诉，表达
□ 맛있어요.	好吃。
◆ 하지만	但是，然而
◆ 기분이 좋다	心情好

듣고 말하기 听与说

□ 우와!	哇！
◆ 그런데	可是，不过
■ 기다리다	等，等待

第 5 课

말하기 口语

교통수단 交通工具

● 버스	公交车，巴士
● 지하철	地铁
● 자동차	汽车
● 택시	出租车，的士
● 자전거	自行车
● 오토바이	摩托车
● 기차	火车
● 비행기	飞机

◆ 걸어서	步行，走路

문법 语法

◆ 친구하고 놀다	和朋友玩
◆ 방학 때	放假时
● 선물	礼物
□ 어떻게 가요?	怎么走？怎么去？
◆ 공항에서 집까지	从机场到家
◆ 이름을 쓰다	写名字
■ 쉬다	休息
◆ 23쪽	23页
◆ 잘 듣다	仔细听，好好地听
◆ 문장을 만들다	造句
◆ 자리에서 일어나다	起身，站起来
◆ 노래를 하다	唱歌
◆ 인사를 하다	问候，寒暄，打招呼
◆ 창문을 열다	打开窗户
◆ 친구 얼굴을 그리다	画朋友的脸

대화 对话

◆ 저기	那里
■ 타다	搭乘，乘坐，骑
□ 얼마나 걸려요?	要多久？
◆ 30분쯤	30分钟左右
◆ 2호선	2号线
■ 갈아타다	换乘
■ 내리다	下
● KTX	韩国KTX高速列车（韩国高铁）
◆ 세 시간	三小时，三个小时
● ITX	韩国ITX城际高速列车
● 고속버스	长途汽车，高速巴士

읽고 말하기 读与说

■ 다니다	去…（上班/上学），来往，往返
■ 시작하다	开始
▲ 멀다	远
● 첫날	第一天
◆ 왜냐하면	因为
● 정류장	（公交）车站，（出租车）停靠点
▲ 가깝다	近
◆ 길이 막히다	堵车
■ 늦다	晚，迟
◆ 다음 날	明天，第二天
● 지하철역	地铁站
◆ 조금	一点儿，稍微
■ 걷다	走，步行
▲ 빠르다	快
◆ 일찍	早，提早
■ 도착하다	到达
◆ 요즘	最近，近来
◆ 이제	现在，如今

듣고 말하기 听与说

◆ 친구들한테서	从朋友那里
◆ 자주	经常，常常
□ 정말요?	真的吗?
□ 와!	哇！
□ 다음 주 어때요?	下周怎么样?

말하기 口语

미래 시간 将来

● 내일	明天
◆ 2일 후	2天后
◆ 다음 주	下周，下个星期
◆ 다음 달	下个月
● 내년	明年

문법 语法

◆ 환전을 하다	换钱，换汇
◆ 사진을 찍다	拍照
◆ 옷을 바꾸다	换衣服
◆ 택배를 보내다	寄快递
◆ 머리를 자르다	剪头发
● 쇼핑몰	商场，购物中心
● 영어	英语
● 노래	歌，歌曲

대화 对话

■ 구경하다	观看，欣赏，游玩
● 휴가	放假，休假
◆ 서핑을 하다	冲浪
◆ 시티투어버스를 타다	乘坐城市观光巴士

◆ 아르바이트를 하다	做兼职
❑ 새 친구들	新朋友们
❑ 반 친구들	同学们，班里的朋友们
◆ 낮잠을 자다	睡午觉
◆ 주중	周中，平日
● 손님	客人
◆ 이번	这次

● 유럽	欧洲
● 혼자	一个人，独自
● 박물관	博物馆
❑ 그리고 또	然后还
◆ 파리에만	只在巴黎
◆ 이탈리아에도	意大利也
● 로마	罗马
● 베네치아	威尼斯
◆ 나중에	以后，下次
❑ 사진을 보여주세요.	给我看照片。
❑ 여행 잘 다녀오세요.	祝旅途愉快。

中文翻译

(对话·读与说·听与说)

口语

<对话1> 你是哪国人？

美娜　你好！我是美娜。
　　　你叫什么名字?
安迪　我是安迪。
美娜　安迪，你是哪国人?
安迪　我是美国人。
美娜　啊，是吗? 见到你很高兴。

<对话2> 你是做什么工作的？

苏珊　你好！我是苏珊。
安迪　苏珊，你好！
　　　我是安迪。
苏珊　安迪，你是做什么工作的?
安迪　我是学生。

<读与说> 这位是谁？

　安迪

大家好！
我是安迪。
我是美国人。
是学生。
我喜欢运动。
见到大家很高兴。

　晴香

大家好！
我是晴香。
我是日本人。
是日语老师。
我喜欢电视剧。
见到大家很高兴。

口语

<对话1> 这是什么？

安迪　这是什么?
晴香　是铅笔。
安迪　那是什么?
晴香　是钟。

<对话2> 是谁的？

汉斯　雨伞是谁的?
宛　　是我的。
汉斯　在这儿，给你。
宛　　谢谢。
汉斯　不客气。

<听与说> 是雨伞。

1.　　A：这是什么?
　　　B：是肥皂。
　　　A：那是什么?
　　　B：是毛巾。

2.　　A：这是什么?
　　　B：是勺子。
　　　A：那是什么?
　　　B：是盘子。

3.　　A：这是什么?
　　　B：是笔袋。
　　　A：那是什么?
　　　B：是书。

4.　　A：美娜，这用韩语怎么说?
　　　B：叫'우산（雨伞）'。
　　　A：是谁的?
　　　B：是莎拉的。

有手机吗？ ———————————————

口语

<对话1> 电话号码是多少？

安迪　苏珊，你有韩国的电话号码吗？
苏珊　有的。
安迪　电话号码是多少？
苏珊　010-4948-1287。
安迪　010-4948-1287，对吗？
苏珊　对的。

<对话2> 生日是几月几号？

安迪　宛，你知道任平的生日吗？
宛　　我知道。
安迪　任平的生日是几月几号？
宛　　是7月15号。

<读与说> 号码是多少？

1. 密码
   是2580。

2. 卡号
   是2374 7456 8732 2437。

3. 银行账号
   是647 910288 00707。

4. 公交路线编号
   是7路。

5. 公交路线编号
   是14-1路。

6. 楼层号
   是9楼。

7. 地铁路线编号
   是2号线。

8. 地铁站出口编号
   是6号出口。

9. 房间号
   是105号。

 准备 第 4 课　**请给我咖啡。** ————————————————

口语

<对话1> 请给我来两碗拌饭

安迪　服务员，请拿点儿水。
服务员 好的。
安迪　请给我来一份大酱汤，两碗拌饭。
服务员 这是您的餐。

<对话2> 3000韩元

任平　请来杯美式咖啡。多少钱?
服务员 3000韩元。
　　　　…
服务员 给您。
任平　有吸管吗?
服务员 有的，在那儿。

<听与说> 一共多少钱？

1.　店员　欢迎光临。
　　安迪　苹果多少钱?
　　店员　四个17,000韩元。
　　安迪　葡萄多少钱?
　　店员　一串7,800韩元。
　　安迪　那我要苹果。

2. 店员　欢迎光临。
　　　安迪　请给我两瓶牛奶。一共多少钱?
　　　店员　5,700韩元。
　　　安迪　（再）要5个泡面。多少钱?
　　　店员　4,500韩元。
　　　安迪　一共多少钱?
　　　店员　10,200韩元。

第1课　安迪在餐厅。

口语

<对话1> 安迪在这里吗?

美娜　打扰一下。安迪在这里吗?
汉斯　不，他不在。
美娜　那他在哪儿呢?
汉斯　在餐厅。

<对话2> 或许我的书在教室吗?

苏珊　　　　喂，加布里埃尔，现在在哪儿呢?
加布里埃尔　在教室。
苏珊　　　　是吗? 或许我的书在教室吗?
加布里埃尔　是的，在课桌上。

<对话3> 这附近有ATM吗?

安迪　美娜，这附近有ATM吗?
美娜　有的，在C大厦里。
安迪　C大厦在哪儿?
美娜　你知道K大楼吗? 就在K大楼的前面。
安迪　谢谢。
美娜　不客气。

<读与说> 家在光化门。

我叫宛。
是泰国人。
故乡是曼谷。
我是学生。
生日是10月19号。
手机号码是010-2717-3843。
家在光化门。

我叫莎拉。
是法国人。
故乡是巴黎。
我是学生。喜欢韩国电影。
生日是7月28号。
手机号码是010-5920-7245。
家在新村。
在现代百货商场的后面。

我叫加布里埃尔。
故乡是圣保罗。
圣保罗在巴西。
我是程序员。
生日是9月30号。
手机号码是010-9983-2312。
家在蚕室。
家的前面有公园。

<听与说> 自习咖啡厅在哪儿？

安迪　喂。
美娜　安迪，你好！我是美娜。
安迪　你好！美娜。
美娜　安迪，你现在在哪儿？
安迪　在学校。在自习咖啡厅。
美娜　自习咖啡厅在哪儿？
安迪　在A楼。
美娜　A楼有自习咖啡厅吗?
安迪　有，在三楼。美娜你现在在哪儿？
美娜　我在学校前面的餐厅。
安迪　哦哦。
美娜　对了！安迪，4月15号你有空吗?
安迪　4月……15号…… 有的，怎么啦？
美娜　4月15号是我的生日。

56

安迪　啊，是吗?
美娜　和我的朋友们一起吃个饭吧。
安迪　好的。

 第2课　六点起床。

<对话1> 去哪儿?

苏珊　安迪，你好！你现在去哪儿?
安迪　去体育馆。苏珊你去哪儿?
苏珊　我也去体育馆。
安迪　啊，是吗? 一起去吧。

<对话2> 今天下午学习吗?

晴香　任平，今天下午你学习吗?
任平　不学。
晴香　那你要做什么?
任平　去明洞。

<对话3> 几点运动?

允浩　汉斯，你一般几点起床?
汉斯　六点三十分起床。允浩，你呢?
允浩　我六点起床。那你几点睡觉?
汉斯　十一点睡觉。

<读与说> 首尔是上午八点。

现在韩国首尔是上午八点。
人们去公司。
学生们去学校。
路上车多。
美娜在图书馆。
在学习。
下午有考试。

57

现在澳大利亚悉尼是上午九点。
安迪的朋友在悉尼。
名字叫珍妮。
珍妮现在在公园。
在运动。
上午没有课。
下午去学校。

现在德国柏林是晚上十二点。
路上没有人。
很安静。
汉斯在房间里。
现在睡觉。
上午六点起床。
七点有会议。

<听与说> 明天晚上六点有空吗？

安迪	宛，你明天干什么？明天晚上有空吗？一起吃个饭。
宛	明天去机场。朋友来韩国。
安迪	几点去机场？
宛	下午五点去机场。
安迪	啊，是吗？

安迪	莎拉，明天晚上六点有空吗?
莎拉	怎么啦?
安迪	和我的朋友一起吃个饭吧。
莎拉	不好意思。明天晚上有约了。和巴雅尔一起去电影院。
安迪	啊，是吗?
莎拉	抱歉啦。下次一起吃吧。

安迪	汉斯…
汉斯	嘿，安迪。
安迪	明天下午去公司吗？
汉斯	不去，怎么啦？
安迪	那明天晚上六点有空吗？
汉斯	晚上六点…… 有的。
安迪	明天和我的朋友一起吃个饭吧。是西江大学的学生。
汉斯	是吗？好的。那明天见。

口语

<对话1> 今天教日语吗？

俊　　晴香，今天教日语吗？
晴香　不教。
俊　　那干什么？
晴香　看电影。

<对话2> 在哪里学韩国料理？

俊　　宛，明天干什么？
宛　　学韩国料理。
俊　　在哪里学韩国料理?
宛　　在美食课堂学韩国料理。

<对话3> 星期五干什么？

莎拉　　　　加布里埃尔，你星期五干什么?
加布里埃尔　踢足球。
莎拉　　　　在哪里踢足球?
加布里埃尔　在学校操场踢足球。
　　　　　　莎拉，你星期五干什么?
莎拉　　　　我见朋友。

<读与说> 在体育馆学跆拳道。

任平

我星期一在体育馆学跆拳道。
星期二和朋友吃午饭。
在餐厅吃中餐。
星期五在朋友家里看电影。
星期天打游戏。
我非常喜欢游戏。

我星期一在图书馆借书。
星期二和朋友有约。
星期三在百货商场购物。
星期五在家做饭。
做烤牛肉。
星期天去旅行。
我喜欢旅行。

我从星期一到星期五非常忙。
上午在学校学习。
然后下午在公司工作。
星期三上午七点在网球场打网球。
星期五晚上见朋友。
星期天去爬山。

<听与说> 一起去电影院吧。

莎拉　安迪。
安迪　嘿，莎拉。
莎拉　今天忙吗?
安迪　不忙，怎么啦?
莎拉　你喜欢看电影吗?
安迪　对，我喜欢。
莎拉　那一起去电影院吧。我有电影票。
安迪　是吗? 是什么电影?
莎拉　《哈利波特》。
安迪　这个电影好看吗?
莎拉　非常好看。
安迪　是吗? 好的。一起看吧。
莎拉　那六点在龙山CGV见。
安迪　不好意思。我不知道龙山CGV在哪儿。
莎拉　嗯… 你知道龙山站吗?
安迪　知道。
莎拉　那就在龙山站1号出口见吧。

第 4 课 昨天买了手机。

口语

<对话1> 什么时候买的？

苏珊　任平，你买手机了？
任平　嗯，买了。
苏珊　什么时候买的？
任平　3天前买的。

<对话2> 为什么没去？

莎拉　俊，星期一去图书馆了吗？
俊　　没有，没去。
莎拉　为什么没去？
俊　　太累了。

<对话3> 做了饭，还打扫了卫生。

巴雅尔　　　加布里埃尔，昨天干什么了？
加布里埃尔　在家待着了。
巴雅尔　　　在家干了什么？
加布里埃尔　做了饭，还打扫了卫生。

<读与说> 晚上十一点派对结束了。

　　苏珊上周搬了家。所以昨天邀请了朋友们来家里。
　　苏珊昨天上午准备派对。打扫了家里，还去了趟超市。
　　在超市买了水果，还买了果汁。下午三点做了饭，做了烤牛肉。
　　朋友们七点到的。大家一起美美地吃了晚餐，还聊了很多。九点左右，吃完了晚餐。
　然后唱了歌，听了音乐，还跳了舞。派对真的很有意思。
　　俊说："苏珊，你家太棒了。"
　　宛说："饭菜太好吃了"。
　　　　　"谢谢"。苏珊说道。
　　晚上十一点派对结束了。苏珊虽然累，但是心情非常好。

<听与说> 在苏珊家做了什么？

晴香　　　　加布里埃尔，昨天你去苏珊家了吗？
加布里埃尔　对，去了。派对非常有意思。

61

晴香	是吗？在苏珊家做了什么？
加布里埃尔	聊了很多，还听了音乐。
晴香	哇，晚饭也吃了吗？
加布里埃尔	对啊，苏珊做了韩餐。所以大家一起吃了韩餐。
晴香	几点回的家？
加布里埃尔	派对十一点结束的。所以十一点半回的家。
晴香	十一点半吗？
加布里埃尔	对啊，晴香你昨天怎么没来派对？
晴香	昨天太忙了。
加布里埃尔	有日语课吗？
晴香	是的，教了日语。
加布里埃尔	啊，是吗？朋友们都在等你。
晴香	抱歉。晚上九点工作才结束。
加布里埃尔	没关系。下次和朋友们一起吃饭吧。
晴香	好的。

第5课 请搭乘地铁2号线。

口语

<对话1> 明洞怎么走？

安迪	美娜，明洞怎么走？
美娜	在那里坐604路公交。
安迪	到明洞要多久？
美娜	大概要30分钟。
安迪	谢谢。

<对话2> 请搭乘地铁2号线。

宛	不好意思。仁寺洞怎么走？
工作人员	请搭乘地铁2号线。
	然后在乙支路3街站换乘3号线。
宛	在哪里下车？
工作人员	请在安国站下车。
宛	谢谢。

<对话3> 坐KTX去吧。

安迪	巴雅尔，假期我想去釜山旅行。釜山要怎么去？
巴雅尔	坐KTX去吧。

安迪　　　到釜山要多久？
巴雅尔　　坐KTX要三个小时左右。
安迪　　　啊，是吗？谢谢。

<读与说> 坐地铁去学校。

　　安迪从上个月开始上学。课程九点开始。但安迪家离学校远，所以第一天他坐了公交去学校，这是因为公交车站离家近。但路上非常堵，从家到学校花了50分钟，所以迟到了。

　　第二天安迪坐了地铁。地铁站离家有点远，去地铁站花了很久。但是地铁非常快，大概用了25分钟，所以早早地到了学校。

　　安迪最近坐地铁去学校。现在不会迟到了。

<听与说> 坐273路公交。

安迪　　美娜，你知道这里吗？这是哪儿？
美娜　　这里吗？是仁寺洞。
安迪　　这里就是仁寺洞啊！听朋友们说过很多次。
美娜　　啊，是吗？我也经常去仁寺洞。
安迪　　真的吗？我也想去仁寺洞。但仁寺洞要怎么去呢？
美娜　　在新村坐273路公交。坐公交大概要40分钟。
安迪　　哇，要这么久啊。
美娜　　那坐地铁去吧。
安迪　　坐地铁要怎么走？
美娜　　在新村站坐地铁2号线，然后在乙支路3街站换乘3号线。
安迪　　在哪儿下车？
美娜　　在安国站下车。
安迪　　地铁要多久？
美娜　　25分钟左右。
安迪　　哇，地铁这么快。美娜，周末你有空吗？我想和你一起去仁寺洞。
美娜　　不好意思，安迪。这周末有约了。下周怎么样？
安迪　　好的。那下周一起去吧。

口语

<对话1> 去散步吗？

莎拉	安迪，你去哪儿？
安迪	去公园。
莎拉	去散步吗?
安迪	不是，去骑自行车。

<对话2> 打算去北汉山或者冠岳山

宛	这个星期六打算干什么？
汉斯	要去爬山。
宛	去哪儿爬山？
汉斯	打算去北汉山或者冠岳山。

<对话3> 假期打算干什么？

加布里埃尔	休假是什么时候？
苏珊	从这个星期五到下个星期二。
加布里埃尔	假期打算干什么？
苏珊	要去釜山。
加布里埃尔	去釜山打算干什么?
苏珊	打算去海云台。

<读与说> 为了学韩语来到了韩国。

　　我非常喜欢韩国电影，所以上个月为了学韩语来到了韩国。上午学习韩语，然后下午做兼职。

　　在学校认识了很多新朋友，和朋友们用韩语聊天，所以韩语课非常有趣。下课后和朋友们去餐厅吃午饭。在学生食堂或者学校附近的餐厅吃饭。之后回家睡午觉。

　　周中的晚上去咖啡店做兼职。两周前开始在咖啡店做起了兼职。从家走着去咖啡店要15分钟左右。咖啡店前面有公园，公园里的人很多，所以咖啡店的客人也多，非常忙。

　　周末一般在家看电影。但这周末要见班里的同学，和同学一起学韩语。因为下个星期有考试。

<听与说> 要去欧洲旅行。

安迪　美娜，这个假期你打算干什么?
美娜　我要去欧洲旅行。
安迪　一个人去旅行吗?
美娜　是的，但在法国巴黎有朋友。
　　　所以打算住在朋友家。
安迪　在巴黎有朋友啊?
美娜　是的，去年去巴黎留学了。
安迪　啊，是吗? 打算去巴黎干什么?
美娜　打算去博物馆。
安迪　博物馆吗? 还打算干什么?
美娜　会去购物，还打算多吃些法国菜。
安迪　只打算待在巴黎吗?
美娜　不，还会去意大利。
安迪　打算去意大利哪儿?
美娜　会去罗马或者威尼斯。打算在意大利多拍些照片。
安迪　那下次给我看照片吧。
美娜　好的。
安迪　祝你旅途愉快。
美娜　谢谢。

词汇与表达索引

(按가나다顺序排列)

● 名词　■ 动词　▲ 形容词　◆ 其他　□ 句式

0 공	◆	0 零	1A 준비 3과	말하기
010-4948-1287이에요.	□	是010-4948-1287。	1A 준비 3과	말하기
1 일	◆	1 一	1A 준비 3과	말하기
10 십	◆	10 十	1A 준비 3과	말하기
100 백	◆	100 一百	1A 준비 3과	말하기
10월 시월	●	十月	1A 준비 3과	말하기
11월 십일월	●	十一月	1A 준비 3과	말하기
12월 십이월	●	十二月	1A 준비 3과	말하기
1번 출구	◆	1号出口	1A 3과	듣고 말하기
1월 일월	●	一月	1A 준비 3과	말하기
1층	◆	1层，5楼	1A 1과	말하기
2 이	◆	2 二	1A 준비 3과	말하기
20 이십	◆	20 二十	1A 준비 3과	말하기
23쪽	◆	23页	1A 5과	말하기
2월 이월	●	二月	1A 준비 3과	말하기
2일 전	◆	2天前	1A 4과	말하기
2일 후	◆	2天后	1A 6과	말하기
2.호선	◆	2号线	1A 5과	말하기
3 삼	◆	3 三	1A 준비 3과	말하기
30 삼십	◆	30 三十	1A 준비 3과	말하기
30분쯤	◆	30分钟左右	1A 5과	말하기
3월 삼월	●	三月	1A 준비 3과	말하기
4 사	◆	4 四	1A 준비 3과	말하기
40 사십	◆	40 四十	1A 준비 3과	말하기
4월 사월	●	四月	1A 준비 3과	말하기
5 오	◆	5 五	1A 준비 3과	말하기
50 오십	◆	50 五十	1A 준비 3과	말하기
5월 오월	●	五月	1A 준비 3과	말하기
6 육	◆	6 六	1A 준비 3과	말하기
60 육십	◆	60 六十	1A 준비 3과	말하기
6월 유월	●	六月	1A 준비 3과	말하기

7 칠	◆	7 七	1A 준비 3과	말하기
70 칠십	◆	70 七十	1A 준비 3과	말하기
7월 15일이에요.	□	是7月15号。	1A 준비 3과	말하기
7월 칠월	●	七月	1A 준비 3과	말하기
8 팔	◆	8 八	1A 준비 3과	말하기
80 팔십	◆	80 八十	1A 준비 3과	말하기
8월 팔월	●	八月	1A 준비 3과	말하기
9 구	◆	9 九	1A 준비 3과	말하기
90 구십	◆	90 九十	1A 준비 3과	말하기
9월 구월	●	九月	1A 준비 3과	말하기
ITX	●	韩国ITX城际高速列车	1A 5과	말하기
KTX	●	韩国KTX高速列车（韩国高铁）	1A 5과	말하기

ㄱ

가깝다	▲	近	1A 5과	읽고 말하기
가방	●	包	1A 준비 2과	말하기
가브리엘 씨예요.	□	是加布里埃尔。	1A 준비 1과	말하기
가수	●	歌手	1A 준비 1과	말하기
가요.	□	去。	1A 2과	말하기
가위	●	剪刀	1A 준비 2과	말하기
가이드	●	导游	1A 준비 1과	말하기
간호사	●	护士	1A 준비 1과	말하기
갈아타다	■	换乘	1A 5과	말하기
감사합니다.	□	谢谢。	1A 1과	말하기
강아지	●	小狗	1A 1과	말하기
같이 식사해요.	□	一起吃饭。	1A 1과	듣고 말하기
거울	●	镜子	1A 준비 2과	듣고 말하기
걷다	■	走，步行	1A 5과	읽고 말하기
걸어서	◆	步行，走路	1A 5과	말하기

게임하다 - 게임해요	■	打游戏，做游戏	1A 2과	말하기
경찰	●	警察	1A 준비 1과	말하기
고마워요.	□	谢谢。	1A 준비 2과	말하기
고속버스	●	长途汽车，高速巴士	1A 5과	말하기
고양이	●	猫	1A 1과	말하기
고향	●	故乡，老家	1A 1과	읽고 말하기
공부	●	学习	1A 준비 1과	읽고 말하기
공부하다 - 공부해요	■	学习	1A 2과	말하기
공원	●	公园	1A 1과	읽고 말하기
공책	●	本子，练习本	1A 준비 2과	말하기
공항	●	机场	1A 2과	말하기
공항에서 집까지	◆	从机场到家	1A 5과	말하기
과일	●	水果	1A 4과	읽고 말하기
교실	●	教室	1A 1과	말하기
교실이 조용해요.	□	教师安静。	1A 4과	말하기
교통카드	●	交通卡	1A 준비 3과	말하기
구경하다	■	观看，欣赏，游玩	1A 6과	말하기
군인	●	军人	1A 준비 1과	말하기
그 영화	◆	那部电影，那个电影	1A 3과	듣고 말하기
그다음에	◆	之后，下一个	1A 4과	읽고 말하기
그래서	◆	所以，于是	1A 4과	읽고 말하기
그런데	◆	可是，不过	1A 4과	듣고 말하기
그럼	◆	那么，那样的话	1A 준비 2과	말하기
그리고	◆	和，并且，然后	1A 4과	읽고 말하기
그리고 또	□	然后还	1A 6과	듣고 말하기
금요일	●	星期五	1A 3과	읽고 말하기
금요일까지	◆	到星期五	1A 3과	읽고 말하기
기다리다	■	等，等待	1A 4과	듣고 말하기
기분이 좋다	◆	心情好	1A 4과	읽고 말하기
기차	●	火车	1A 5과	말하기
길	●	路	1A 2과	읽고 말하기

길이 막히다	◆ 堵车	1A 5과	읽고 말하기
김밥	● 紫菜包饭	1A 3과	말하기
김치찌개	● 泡菜汤	1A 준비 4과	말하기
끝나다	■ 结束	1A 4과	읽고 말하기

ㄴ

나중에	◆ 以后，下次	1A 6과	듣고 말하기
날씨가 좋아요.	□ 天气好。	1A 4과	말하기
낮잠을 자다	◆ 睡午觉	1A 6과	읽고 말하기
내년	● 明年	1A 6과	말하기
내리다	■ 下	1A 5과	말하기
내일	● 明天	1A 2, 6과	듣고 말하기 말하기
내일 같이 만나요.	□ 明天见。	1A 2과	듣고 말하기
냉면	● 冷面	1A 준비 4과	말하기
네 개	◆ 四个	1A 준비 4과	말하기
네, 맞아요.	□ 对的。	1A 준비 3과	말하기
네, 알아요.	□ 是，我知道。	1A 준비 3과	말하기
넷	◆ 四	1A 준비 4과	말하기
노래하다	■ 唱歌	1A 4과	읽고 말하기
노트북	● 笔记本电脑	1A 준비 2과	말하기
녹차	● 绿茶	1A 준비 4과	말하기
누구 거예요?	□ 是谁的?	1A 준비 2과	말하기
늦다	▲ 晚，迟	1A 5과	읽고 말하기

ㄷ

다 같이	◆ 一起	1A 4과	읽고 말하기
다니다	■ 去…（上班/上学）， 来往，往返	1A 5과	읽고 말하기

다리가 아프다	◆	腿疼	1A 4과	말하기
다리미질(을) 하다	◆	熨衣服	1A 4과	말하기
다섯	◆	五	1A 준비 4과	말하기
다음 날	◆	明天，第二天	1A 5과	읽고 말하기
다음 달	◆	下个月	1A 6과	말하기
다음 주	◆	下周，下个星期	1A 6과	말하기
다음 주 어때요?	□	下周怎么样?	1A 5과	듣고 말하기
다음에	◆	下次	1A 2과	듣고 말하기
달력	●	月历，日历	1A 준비 2과	말하기
대사관	●	大使馆	1A 1과	말하기
댄스 교실	◆	舞蹈教室	1A 3과	말하기
도서관	●	图书馆	1A 1과	말하기
도착하다	■	到达	1A 5과	읽고 말하기
독일	●	德国	1A 준비 1과	말하기
된장찌개	●	大酱汤	1A 준비 4과	말하기
두 개	◆	两个	1A 준비 4과	말하기
둘	◆	二	1A 준비 4과	말하기
뒤	●	后	1A 1과	말하기
드라마	●	电视剧	1A 준비 1과	읽고 말하기
등산하다	■	登山，爬山	1A 3과	읽고 말하기

ㄹ

라면	●	泡面	1A 준비 4과	듣고 말하기
레모네이드	●	柠檬汽水，柠檬水	1A 준비 4과	말하기
레몬차	●	柠檬茶	1A 준비 4과	말하기
로마	●	罗马	1A 6과	듣고 말하기

ㅁ

마트	●	超市	1A 4과	읽고 말하기

만 원	●	一万韩元	1A 준비 4과	말하기
만나서 반갑습니다.	□	见到你很高兴。	1A 준비 1과	읽고 말하기
만들다	■	做，制作	1A 3과	읽고 말하기
많이	◆	多	1A 4과	읽고 말하기
말하다	■	说，告诉，表达	1A 4과	읽고 말하기
맛있게	◆	美味地，津津有味地	1A 4과	읽고 말하기
맛있어요.	□	好吃。	1A 4과	읽고 말하기
맞아요?	□	对吗？	1A 준비 3과	말하기
매일	◆	每天	1A 4과	말하기
맥주	●	啤酒	1A 준비 4과	듣고 말하기
머리를 자르다	◆	剪头发	1A 6과	말하기
멀다	▲	远	1A 5과	읽고 말하기
몇 개 있어요?	□	有几个？	1A 준비 4과	말하기
몇 명	◆	几名	1A 1과	말하기
몇 시예요?	□	几点？	1A 2과	말하기
모두 얼마예요?	□	一共多少钱？	1A 준비 4과	듣고 말하기
모자	●	帽子	1A 1과	말하기
목요일	●	星期四	1A 3과	읽고 말하기
몰라요.	◆	不知道。	1A 3과	듣고 말하기
몽골	●	蒙古	1A 준비 1과	말하기
무슨 영화예요?	□	什么电影？	1A 3과	듣고 말하기
무슨 일을 하세요?	□	你是做什么工作的？	1A 준비 1과	말하기
문	●	门	1A 1과	말하기
문장을 만들다	◆	造句	1A 5과	말하기
물	●	水	1A 준비 4과	말하기
물 좀 주세요.	□	请拿点儿水。	1A 준비 4과	말하기
미국	●	美国	1A 준비 1과	말하기
미국 사람이에요.	□	（我）是美国人。	1A 준비 1과	말하기
미안해요.	□	对不起。	1A 2과	듣고 말하기

바나나	●	香蕉	1A 준비 4과	듣고 말하기
바빠요.	□	忙。	1A 3과	읽고 말하기
바쁘다	▲	忙	1A 4과	말하기
박물관	●	博物馆	1A 6과	듣고 말하기
밖	●	外	1A 1과	말하기
반 친구들	◆	同学们，班里的朋友们	1A 6과	읽고 말하기
반갑습니다.	□	见到你很高兴。	1A 준비 1과	말하기
밤	●	晚上，夜晚	1A 2과	읽고 말하기
밥을 먹다 - 먹어요	◆	吃饭 - 吃	1A 3과	말하기
방	●	房间	1A 2과	읽고 말하기
방학 때	◆	放假时	1A 5과	말하기
배우	●	演员	1A 준비 1과	말하기
백 원	●	一百韩元	1A 준비 4과	말하기
백화점	●	百货商场，百货商店	1A 1과	읽고 말하기
버스	●	公交车，巴士	1A 5과	말하기
베네치아	●	威尼斯	1A 6과	듣고 말하기
베를린	●	柏林	1A 2과	읽고 말하기
베트남	●	越南	1A 준비 1과	말하기
병원	●	医院	1A 2과	말하기
보통	◆	一般，普通	1A 2과	말하기
볼펜	●	圆珠笔	1A 준비 2과	말하기
분	●	分	1A 2과	말하기
불고기	●	烤牛肉	1A 3과	읽고 말하기
브라질	●	巴西	1A 준비 1과	말하기
비누	●	肥皂	1A 준비 2과	듣고 말하기
비빔밥	●	拌饭	1A 준비 4과	말하기
비자를 받다 - 받아요	◆	得到签证 - 获得，得到	1A 3과	말하기
비행기	●	飞机	1A 5과	말하기
빌딩	●	大楼，大厦	1A 1과	말하기

73

빠르다	▲	快	1A 5과	읽고 말하기
빨대	●	吸管	1A 준비 4과	말하기
빨래(를) 하다	◆	洗衣服	1A 4과	말하기

ㅅ

사과	●	苹果	1A 준비 4과	듣고 말하기
사라 씨 거예요.	□	是莎拉的。	1A 준비 2과	듣고 말하기
사람들	◆	人们	1A 2과	읽고 말하기
사진을 보여 주세요.	◆	给我看照片。	1A 6과	듣고 말하기
사진을 찍다	◆	拍照	1A 6과	말하기
산책하다	■	散步	1A 3과	말하기
삼계탕	●	参鸡汤	1A 준비 4과	말하기
상파울루	●	圣保罗	1A 1과	읽고 말하기
새 친구들	◆	新朋友们	1A 6과	읽고 말하기
생일	●	生日	1A 준비 3과	말하기
생일이 며칠이에요?	□	生日是几月几号?	1A 준비 3과	말하기
샤워하다 - 샤워해요	■	淋浴，冲澡	1A 2과	말하기
샤프	●	自动铅笔	1A 준비 2과	말하기
서점	●	书店	1A 1과	말하기
서핑을 하다	◆	冲浪	1A 6과	말하기
선글라스	●	墨镜	1A 준비 3과	말하기
선물	●	礼物	1A 5과	말하기
선생님	●	老师	1A 준비 1과	말하기
설거지(를) 하다	◆	洗碗	1A 4과	말하기
세 개	◆	三个	1A 준비 4과	말하기
세수하다 - 세수해요	■	洗脸，洗手，洗漱	1A 2과	말하기
세 시간	◆	三小时，三个小时	1A 5과	말하기
셋	◆	三	1A 준비 4과	말하기
손님	●	客人	1A 6과	읽고 말하기
쇼핑몰	●	商场，购物中心	1A 6과	말하기

쇼핑하다 – 쇼핑해요	■ 购物	1A 2과	말하기
수건	● 毛巾，手巾	1A 준비 2과	듣고 말하기
수업	● 课，课程	1A 2과	읽고 말하기
수업 후	□ 课后	1A 4과	말하기
수영	● 游泳	1A 4과	말하기
수요일	● 星期三	1A 3과	읽고 말하기
수정 테이프	● 修正带	1A 준비 2과	말하기
숙제하다 – 숙제해요	■ 做作业	1A 2과	말하기
숟가락	● 勺子	1A 준비 2과	듣고 말하기
쉬다	■ 休息	1A 5과	말하기
스터디 카페	● 自习咖啡厅	1A 1과	듣고 말하기
시	● 点，时	1A 2과	말하기
시간이 없다	◆ 没时间	1A 4과	말하기
시간이 있어요?	□ 有时间吗? 有空吗?	1A 1과	듣고 말하기
시계	● 钟，表	1A 준비 2과	말하기
시드니	● 悉尼	1A 2과	읽고 말하기
시작하다	■ 开始	1A 5과	읽고 말하기
시티투어버스를 타다	◆ 乘坐城市观光巴士	1A 6과	말하기
시험	● 考试	1A 2과	읽고 말하기
식당	● 食堂、餐厅、饭店	1A 1과	말하기
식사하다 – 식사해요	■ 吃饭，用餐	1A 2과	말하기
실례합니다.	□ 打扰一下，失礼（常用作委婉语使用）	1A 1과	말하기
싫어해요.	□ 讨厌，不喜欢	1A 3과	말하기
십 원	● 十韩元	1A 준비 4과	말하기
쓰레기통	● 垃圾桶	1A 1과	말하기

ㅇ

아, 그래요?	□ 啊，是吗?	1A 준비 1과	말하기
아니에요.	□ 不客气。	1A 준비 2, 1과	말하기

75

아래	●	下	1A 1과	말하기
아르바이트를 하다	◆	做兼职	1A 6과	읽고 말하기
아메리카노	●	美式咖啡	1A 준비 4과	말하기
아이스티	●	冰红茶	1A 준비 4과	말하기
아주	◆	非常，很	1A 3과	읽고 말하기
아침 식사해요.	□	吃早饭。	1A 2과	말하기
아홉	◆	九	1A 준비 4과	말하기
아홉 시쯤	□	九点左右	1A 4과	읽고 말하기
안	●	里	1A 1과	말하기
안경	●	眼镜	1A 준비 3과	말하기
안녕하세요?	□	你好！	1A 준비 1과	말하기
알아요?	□	知道吗?	1A 준비 3과	말하기
앞	●	前	1A 1과	말하기
약속이 있어요.	□	有约。	1A 2과	듣고 말하기
어느 나라 사람이에요?	□	你是哪国人?	1A 준비 1과	말하기
어떻게 가요?	□	怎么走? 怎么去?	1A 5과	말하기
어서 오세요.	□	欢迎光临。	1A 준비 4과	듣고 말하기
어제	●	昨天	1A 4과	말하기
언제	◆	什么时候	1A 4과	말하기
얼마나 걸려요?	□	要多久?	1A 5과	말하기
얼마예요?	□	多少钱?	1A 준비 4과	말하기
에어컨	●	空调	1A 준비 2과	말하기
여권	●	护照	1A 준비 3과	말하기
여기	●		1A 1과	말하기
여기 있어요.	□	在这里。	1A 준비 2과	말하기
여기가 어디예요?	□	这是哪儿?	1A 1과	말하기
여기요.	□	这里；服务员（用于叫服务员）	1A 준비 4과	말하기
여덟	◆	八	1A 준비 4과	말하기
여보세요.	□	喂（电话用语）。	1A 1과	말하기
여섯	◆	六	1A 준비 4과	말하기

여행 잘 다녀오세요.	◆	祝旅途愉快。	1A 6과	듣고 말하기
여행하다	■	旅游，旅行	1A 3과	읽고 말하기
연필	●	铅笔	1A 준비 2과	말하기
열	◆	十	1A 준비 4과	말하기
영어	●	英语	1A 6과	말하기
영어를 가르치다 - 가르쳐요	◆	教英语 - 教	1A 3과	말하기
영화관	●	电影院	1A 1과	말하기
영화를 보다 - 봐요	◆	看电影 - 看	1A 3과	말하기
영화표	●	电影票	1A 3과	듣고 말하기
옆	●	旁边	1A 1과	말하기
오늘	●	今天	1A 1, 4과	말하기
오렌지 주스	●	橙汁	1A 준비 4과	말하기
오른쪽	●	右	1A 1과	말하기
오만 원	●	五万韩元	1A 준비 4과	말하기
오백 원	●	五百韩元	1A 준비 4과	말하기
오십 원	●	五十韩元	1A 준비 4과	말하기
오전	●	上午	1A 2과	말하기
오천 원	●	五千韩元	1A 준비 4과	말하기
오토바이	●	摩托车	1A 5과	말하기
오후	●	下午	1A 2과	말하기
올해	●	今年	1A 4과	말하기
옷을 바꾸다	◆	换衣服	1A 6과	말하기
옷을 사다 - 사요	◆	买衣服 - 买	1A 3과	말하기
와!	□	哇！	1A 5과	듣고 말하기
와요.	□	来。	1A 2과	말하기
왜	◆	为什么	1A 4과	말하기
왜냐하면	◆	因为	1A 5과	읽고 말하기
왜요?	□	怎么了?	1A 1과	듣고 말하기
왼쪽	●	左	1A 1과	말하기
요가	●	瑜伽	1A 3과	말하기

요가를 하다	◆ 练瑜伽	1A 3과	말하기
요리 교실	◆ 美食课堂	1A 3과	말하기
요리(를) 하다	◆ 做饭	1A 4과	말하기
요리사	● 厨师	1A 준비 1과	말하기
요리하다 - 요리해요	■ 做饭，烹饪	1A 2과	말하기
요즘	◆ 最近，近来	1A 5과	읽고 말하기
용산 역	◆ 龙山站	1A 3과	듣고 말하기
우산	● 雨伞	1A 준비 2과	말하기
우와!	□ 哇！	1A 4과	듣고 말하기
우유	● 牛奶	1A 준비 4과	듣고 말하기
우체국	● 邮局	1A 1과	말하기
운동	● 运动	1A 준비 1과	읽고 말하기
운동장	● 操场，体育场	1A 3과	말하기
운동하다 - 운동해요	■ 运动	1A 2과	말하기
월요일	● 星期一	1A 3과	읽고 말하기
월요일부터	◆ 从星期一	1A 3과	읽고 말하기
위	● 上	1A 1과	말하기
유럽	● 欧洲	1A 6과	듣고 말하기
은행	● 银行	1A 1과	말하기
음악을 듣다 - 들어요	◆ 听音乐 - 听	1A 3과	말하기
의사	● 医生	1A 준비 1과	말하기
의자	● 椅子	1A 준비 2과	말하기
이 근처	◆ 这附近	1A 1과	말하기
이게 한국어로 뭐예요?	□ 这个用韩语怎么说?	1A 준비 2과	듣고 말하기
이름을 쓰다	◆ 写名字	1A 5과	말하기
이름이 뭐예요?	□ 你叫什么名字?	1A 준비 1과	말하기
이만 삼천팔백오십 원이에요.	□ 两万三千八百五十韩元。	1A 준비 4과	말하기
이번	◆ 这次	1A 6과	읽고 말하기
이번 달	◆ 这个月	1A 4과	말하기
이번 주	◆ 这周，这个星期	1A 4과	말하기

이분이 누구예요?	□ 这位是谁?	1A 준비1과	말하기
이사하다	■ 搬家	1A 4과	말하기
이야기하다 – 이야기해요	■ 说话，聊天	1A 2과	말하기
이제	◆ 现在，如今	1A 5과	읽고 말하기
이탈리아에도	◆ 意大利也	1A 6과	듣고 말하기
인사하다	■ 问候，寒暄，打招呼	1A 5과	말하기
일곱	◆ 七	1A 준비 4과	말하기
일본	● 日本	1A 준비 1과	말하기
일본어	● 日语	1A 3과	말하기
일본어 선생님	● 日语老师	1A 준비 1과	말하기
일어나요.	□ 起来; 起床。	1A 2과	말하기
일요일	● 星期日，星期天	1A 3과	읽고 말하기
일이 많다	◆ 事情多，工作多，活儿多	1A 4과	말하기
일찍	◆ 早，提早	1A 5과	읽고 말하기
일하다 – 일해요	■ 工作，干活	1A 2과	말하기

ㅈ

자동차	● 汽车	1A 5과	말하기
자동차가 많아요.	□ 车多。	1A 2과	읽고 말하기
자리에서 일어나다	◆ 起身，站起来	1A 5과	말하기
자요.	□ 睡觉。	1A 2과	말하기
자전거	● 自行车	1A 5과	말하기
자주	◆ 经常，常常	1A 5과	듣고 말하기
작가	● 作家	1A 준비 1과	말하기
작년	● 去年	1A 4과	말하기
잘 듣다	◆ 仔细听，好好地听	1A 5과	말하기
재미있어요.	□ 有趣。	1A 3과	듣고 말하기
저기	◆ 那里	1A 5과	말하기

저기 있어요.	□	在那儿。	1A 준비 4과	말하기
저녁	●	晚上	1A 2과	듣고 말하기
저녁 식사하다	◆	吃晚饭	1A 2과	말하기
저도	◆	我也	1A 2과	말하기
전화번호	●	电话号码	1A 준비 3과	말하기
전화번호가 몇 번이에요?	□	电话号码是多少?	1A 준비 3과	말하기
전화하다 - 전화해요	■	打电话	1A 2과	말하기
점심 식사해요.	□	吃午饭。	1A2과	말하기
점심을 먹다	◆	吃午饭	1A 4과	말하기
접시	●	盘子，碟子	1A 준비 2과	듣고 말하기
젓가락	●	筷子	1A 준비 2과	듣고 말하기
정류장	●	（公交）车站，（出租车）停靠点	1A 5과	읽고 말하기
정말	◆	真的，实在，确实	1A 4과	읽고 말하기
정말요?	□	真的吗?	1A 5과	듣고 말하기
제 거예요.	□	是我的。	1A 준비 2과	말하기
제 생일이에요	□	是我的生日。	1A 1과	듣고 말하기
제 책	◆	我的书	1A 1과	말하기
제 친구	◆	我的朋友	1A 2과	듣고 말하기
조금	◆	一点儿，稍微	1A 5과	읽고 말하기
조용해요.	□	安静	1A 2과	읽고 말하기
좀 주세요.	□	请给点儿【名词】。	1A 준비 4과	말하기
좋아요.	□	好的。	1A 1과	듣고 말하기
좋아해요.	□	喜欢。	1A 준비 1과	읽고 말하기
주말	◆	周末	1A 4과	말하기
주스	●	果汁	1A 4과	읽고 말하기
주중	◆	周中，平日	1A 6과	읽고 말하기
준비하다	■	准备	1A 4과	읽고 말하기
중국	●	中国	1A 준비 1과	말하기
중국 음식	◆	中餐，中国美食	1A 3과	읽고 말하기
지금	◆	现在	1A 준비 3과	말하기

지난달	●	上个月	1A 4과	말하기
지난주	●	上周，上个星期	1A 4과	말하기
지우개	●	橡皮	1A 준비 2과	말하기
지하	●	地下	1A 1과	말하기
지하철	●	地铁	1A 5과	말하기
지하철역	●	地铁站	1A 5과	읽고 말하기
직업	●	职业	1A 1과	말하기
집	●	家，房子	1A 1과	읽고 말하기

ㅊ

참!	□	对了！	1A 1과	듣고 말하기
창문을 열다	◆	打开窗户	1A 5과	말하기
책	●	书	1A 준비 2과	말하기
책상	●	课桌，书桌	1A 준비 2과	말하기
책상 정리(를) 하다	◆	整理书桌	1A 4과	말하기
책을 빌리다 - 빌려요	◆	借书 - 借	1A 3과	말하기
책을 읽다 - 읽어요	◆	读书 - 读，阅读	1A 3과	말하기
천 원	●	一千韩元	1A 준비 4과	말하기
첫날	●	第一天	1A 5과	읽고 말하기
청소(를) 하다	◆	打扫卫生	1A 4과	말하기
체육관	●	体育馆	1A 2과	말하기
초대하다	■	邀请，招待	1A 4과	읽고 말하기
축구하다	■	踢足球	1A 3과	말하기
춤을 추다 - 춰요	◆	跳舞 - 跳	1A 3과	말하기
충전기	●	充电器	1A 준비 2과	말하기
치약	●	牙膏	1A 준비 2과	듣고 말하기
친구	●	朋友	1A 2과	읽고 말하기
친구 얼굴을 그리다	◆	画朋友的脸	1A 5과	말하기
친구 집	◆	朋友家	1A 3과	말하기
친구들하고	◆	和朋友们	1A 1과	듣고 말하기

친구들한테서	◆	从朋友那里	1A 5과	듣고 말하기
친구를 만나다 - 만나요	◆	见朋友 - 见，见面	1A 3과	말하기
친구하고 놀다	◆	和朋友玩	1A 5과	말하기
침대	●	床	1A1과	말하기
칫솔	●	牙刷	1A 준비 2과	듣고 말하기

ㅋ

카페	●	咖啡厅	1A 1과	말하기
카페라테	●	拿铁咖啡	1A 준비 4과	말하기
커피	●	咖啡	1A 준비 4과	말하기
커피를 마시다 - 마셔요	◆	喝咖啡 - 喝	1A 3과	말하기
컴퓨터	●	电脑	1A 준비 3과	말하기
컵	●	杯子	1A 준비 2과	듣고 말하기
콜라	●	可乐	1A 준비 4과	말하기

ㅌ

타다	■	搭乘，乘坐，骑	1A 5과	말하기
태국	●	泰国	1A 준비 1과	말하기
태권도	●	跆拳道	1A 3과	읽고 말하기
택배를 보내다	◆	寄快递	1A 6과	말하기
택시	●	出租车，的士	1A 5과	말하기
테니스를 배우다 - 배워요	◆	学网球 - 学，学习	1A 3과	말하기
테니스를 치다	◆	打网球	1A 3과	말하기
테니스장	●	网球场	1A 3과	말하기
텔레비전	●	电视	1A 준비 2과	말하기
토요일	●	星期六	1A 3과	읽고 말하기

파리	● 巴黎	1A 1과	읽고 말하기
파리에만	◆ 只在巴黎	1A 6과	듣고 말하기
파티	● 聚会，派对	1A 4과	읽고 말하기
패션 디자이너	● 服装设计师	1A 준비 1과	말하기
편의점	● 便利店	1A 1과	말하기
포도	● 葡萄	1A 준비 4과	듣고 말하기
프랑스	● 法国	1A 준비 1과	말하기
프로그래머	● 程序员	1A 준비 1과	말하기
피곤해요.	□ 疲惫。	1A 4과	말하기
필통	● 笔袋，文具盒	1A 준비 2과	말하기

하나	◆ 一	1A 준비 4과	말하기
하지만	◆ 但是，然而	1A 4과	읽고 말하기
학교	● 学校	1A 1과	말하기
학교예요.	□ 是学校。	1A 1과	말하기
학생	● 学生	1A 준비 1과	말하기
학생 식당	◆ 学生食堂	1A 2과	말하기
학생들	◆ 学生们	1A 2과	읽고 말하기
한 개	◆ 一个	1A 준비 4과	말하기
한 개 있어요.	□ 有一个。	1A 준비 4과	말하기
한 시 반이에요.	□ 一点半。	1A 2과	말하기
한 시 삼십 분이에요.	□ 一点三十分。	1A 2과	말하기
한 시예요.	□ 一点。	1A 2과	말하기
한국	● 韩国	1A 준비 1과	말하기
한국 영화를 좋아해요.	□ 喜欢韩国电影。	1A 1과	읽고 말하기
한국 요리	◆ 韩国料理	1A 3과	말하기
한국 음식	◆ 韩餐，韩国美食	1A 3과	말하기

핸드폰	●	手机	1A 준비 2과	말하기
호주	●	澳大利亚	1A 2과	읽고 말하기
혹시	◆	或许，或者	1A 1과	말하기
혼자	●	一个人，独自	1A 6과	듣고 말하기
화요일	●	星期二	1A 3과	읽고 말하기
화장실	●	洗手间，卫生间，厕所	1A 1과	말하기
환전을 하다	◆	换钱，换汇	1A 6과	말하기
회사	●	公司	1A 1과	말하기
회사원	●	公司职员	1A 준비 1과	말하기
회의	●	会议	1A 2과	읽고 말하기
휴가	●	放假，休假	1A 6과	말하기
휴지	●	卫生纸	1A 준비 2과	듣고 말하기